Stundenbuch

Hans-Jürgen Sievers

# Stundenbuch einer deutschen Revolution

## Die Leipziger Kirchen im Oktober 1989

G2W-Verlag Zollikon 1990
Vandenhoeck & Ruprecht Göttingen 1990

Lektorat: Anne Herbst-Oltmanns
Redaktion: Rudolf Bohren

2. Auflage 1991


Glaube in der 2. Welt, Zollikon
Umschlag: R. Bohren, L. Vollenweider
Produktion: Vollenweider AG
Gedruckt in der Schweiz
ISBN 3 85710 036 2 (G2W-Verlag)
ISBN 3 525 87312 3 (Vandenhoeck & Ruprecht)

*Inhaltsverzeichnis*

## **Kirchen und Friedensgebete in Leipzig**

Vorwort von Pfr. Hans-Friedrich Fischer

Die DDR von Herbst auf Winter 1989/90 – das ist etwas, was jedem, sei er nun direkt oder indirekt beteiligt, den Atem verschlägt. Eine sich in schwindelerregendem Tempo vollziehende Entwicklung ungeahnten Ausmaßes. Eine Bewegung, die nach den Wendepunkten 9. Oktober und 9. November Schritt für Schritt offenere und pluralistischere Ziele ins Auge faßt. Die DDR im Herbst – das heißt für den ersten Teil dieser Entwicklung vor allem auch: Leipzig im Herbst, oder noch präziser: die Nikolaikirche. Das ist der hunderttausendfache Ruf "**Wir** sind das Volk!" und "Keine Gewalt!" Das ist die ungekannte Erfahrung einer ständig wachsenden Stärke solidarischen Denkens und Handelns bis hin zum 9. November. Das ist das Wiederfinden der Sprachfähigkeit eines mundtot gemachten Volkes, die Erfahrung seiner unvermuteten Fähigkeit, politisch denken, reden und handeln zu können. Und dies nicht nur bei der Intelligenz, die sich am Beginn dieses Prozesses vor allem zu Wort meldete, sondern in allen Schichten der Bevölkerung bis hin zu den Kindern.

Gleichzeitig ist es aber auch die ernüchternde Erfahrung, wie sich viele in ihren Ziel- und Wertvorstellungen nach dem 9. November umorientieren, als sich die innerdeutsche Grenze öffnete und mit jedem Tag verheerender das Ausmaß der Deformation des Systems des "real existierenden Sozialismus" zutage tritt. Mit dem stärker werdenden Ruf nach Wiedervereinigung nahm auch eine auffällige Intoleranz gegenüber Andersdenkenden zu. Und sicher auch die Enttäuschung vieler, die von der Möglichkeit eines demokratischen und humanen "Sozialismus mit menschlichem Antlitz" geträumt hatten und nun erleben müssen, wie weitergehende sozialistische Vorstellungen auf breite Ablehnung stoßen. Die DDR im Herbst 1989 – das darf ich als Leipziger Christ nicht ohne einen Anflug von Stolz äußern – ist auch ein Ergebnis des unbeirrten Engagements entschiedener Christen, die über Kirchengrenzen hinweg gemeinsam ihren Willen für Frieden, Gerechtigkeit und Bewahrung der Schöpfung öffentlich bekundeten.

Seit 1982 findet in der Leipziger Nikolaikirche ein Friedensgebet (montags um 17 Uhr, mit Ausnahme der Ferienmonate Juli und August) statt, das über all die Jahre durchgehalten wurde. Getragen haben dieses Gebet engagierte kirchliche Basisgruppen. Zu diesen Gruppen stößt wenig später auch eine katholische Friedensgruppe der beiden Leipziger Gemeinden Liebfrauen und St. Martin-Grünau. Diese Gruppe war auf lange Zeit weit und breit das katholische Feigenblatt, das – zwar meist ignoriert – gern vorgezeigt wurde, um zu beweisen, daß solche Gruppen auch von katholischer Seite auf die Beine gebracht werden konnten.
Bald weitete sich die Friedensthematik auf Fragen über Umwelt und Menschenrechte aus. In Leipzig führte das dazu, daß die Bezirkssynode Leipzig-Ost der Evangelisch-lutherischen Landeskirche Sachsens einen Bezirkssynodalausschuß für Frieden, Gerechtigkeit und Bewahrung der Schöpfung ins Leben rief. In diesem Ausschuß waren und sind bis auf den heutigen Tag alle Leipziger kirchlichen Basisgruppen mit Sitz und Stimme vertreten – dazu die Reformierten sowie die Katholiken der Gruppe aus Liebfrauen, St. Martin und aus der Propsteigemeinde. Der Ausschuß begleitete den konziliaren Prozeß für Frieden, Gerechtigkeit und Bewahrung der Schöpfung (GFS) in der DDR und die Europäische Versammlung in Basel während fünf sogenannter "Tage des konziliaren Prozesses", die jeweils samstags (mit einer Ausnahme) in den Räumen der katholischen Propsteigemeinde stattfanden. Diese Veranstaltungen waren bemüht, die Anliegen der Ökumenischen Versammlung auf Leipziger Verhältnisse und Probleme hin zu konkretisieren. Eine ganze Reihe wichtiger – und in Leipzig immer ökumenisch getragener und verantworteter – Initiativen hatte hier ihren Ausgang genommen oder ihre Anregung erfahren, so etwa das Seminar "Schule in Bewegung" oder die Aktion "Eine Mark für Espenhain" (s. Chronik) oder die Fürbittgebete für die Opfer politischer Willkür in der ČSSR, in China und in Rumänien.
Vor allem aber sollte dieser Bezirkssynodalausschuß eine wichtige Rolle spielen als Träger des Friedensgebetes in der Nikolaikirche. Dies insbesondere seit 1988, als es zu Auseinandersetzungen um dessen inhaltliche Gestaltung kam, welche

praktisch erst nach der Friedensdekade im November 1988 beigelegt wurden. Ich selbst habe mich in diesem Konflikt als Vermittler bemüht, weil ich meinte, daß wir der Öffentlichkeit ein unwürdiges Schauspiel liefern, wenn wir uns nicht einigen. Ein Konsens war schon deshalb unverzichtbar, weil angesichts des für Anfang Juli 1989 in Leipzig geplanten evangelischen Kirchentages die Repressalien staatlicher Stellen gegenüber Mitgliedern kirchlicher Basisgruppen immer schärfere Züge annahmen und damit auch das Friedensgebet in der Nikolaikirche unter den Druck von Polizei und Staatssicherheit geriet. Und dann begann gleichsam eine Kettenreaktion:
Am 10. Juni geht ein massives Aufgebot von Sicherheitskräften in der Leipziger Innenstadt äußerst brutal gegen Straßenmusikanten und deren Zuhörer vor, die sich zum inoffiziellen Straßenmusikfestival eingefunden hatten. Aber schon keimt auch Hoffnung auf, denn am Abend finden Bürger und Polizisten erstmals zu Gesprächen zusammen – erste persönliche Erfahrungen gegen lähmende Angst.
Und dann der Kirchentag selbst, der in bedrückender Weise kritisches Denken der Besucher ausgrenzt. Doch die Basisgruppen lassen sich nicht ohne weiteres ausgrenzen: Eine solidarische Kirche von unten zieht aus und veranstaltet in der evangelischen Lukaskirche den sog. "Statt-Kirchentag". Ihr Hausherr, Pfarrer Christoph Wonneberger, ist zu einer Art Vertrauens- und Symbolfigur für die unabhängigen Gruppen geworden. Um ihn scharen sich die kritischen kirchlichen Gruppen, bis ihn auf dem Höhepunkt des Herbstes ein Schlaganfall trifft – ein schwerer Verlust für die engagierten Christen Leipzigs bis zum heutigen Tag. Auf den "Statt-Kirchentag" folgen zwei Monate Ferien. Doch gerade im August bricht der Sturm los: der Massenexodus beginnt – die erste Abstimmung mit den Füßen.

Ab September findet sich zum Friedensgebet, wie gewohnt in der Nikolaikirche, von Montag zu Montag ein wachsendes Polizeiaufgebot ein. Drohgebärden hinter Helmen und Schutzschilden, bellende Hunde und Gummiknüppel, Hetze in den Zeitungen, insbesondere in der "Leipziger Volkszeitung", gegen die Teilnehmer und Organisatoren des Friedensgebets. Am

Messemontag (11.9.) laufen zur Demonstration westliche Fernsehkameras. Noch bestimmen die Sprechchöre “Wir wollen raus!” die Szene. Am Montag darauf hat unsere Gruppe (aus Liebfrauen, St. Martin, Propstei) das Friedensgebet gestaltet. In einer mit 2500 Menschen restlos überfüllten Nikolaikirche stellten wir die Ergebnisse zu den Menschenrechtsfragen aus dem Basler GFS-Dokument vor. Der Polizeieinsatz gegen die sich nach dem Friedensgebet formierenden Demonstranten hat seit vergangenem Montag an Härte zugenommen. Jetzt aber melden sich in der Demonstration die bewußt Dagebliebenen zu Wort. Nicht mehr “Wir wollen raus!” tönt die Losung, sondern “Wir bleiben hier!” Die Regierung ist sprachlos. Als einzige Antwort bleibt ihr das verstärkte Aufgebot von Polizei und Staatssicherheit. Leipzig gleicht montags einer belagerten Stadt. Nur die Kirchen bieten noch Worte des Trostes und der Orientierung. Und die Zahlen wachsen um ein Vielfaches: Am 25. September sind es 3000 in der Nikolaikirche und 4–5000 davor. Im Anschluß an das Friedensgebet formiert sich die erste große Demonstration, die sich vom Nikolaikirchhof über den Karl-Marx-Platz zum Hauptbahnhof bewegt. Die Menschen rufen die Losung der Französischen Revolution: Freiheit – Gleichheit – Brüderlichkeit! Und es ertönt der Ruf “Neues Forum zulassen!” Auch erklingen die Internationale und “We shall overcome”. Bezeichnend scheint mir, daß, wenn es um Freiheit, Demokratie und Menschenrechte geht, unsere Kultur keine entsprechende Hymne hervorgebracht hat, sodaß wir bei anderen Völkern Anleihen machen müssen. Selbst Polizei und Stasi scheinen überrascht von der Vehemenz und dem Ausmaß der Demonstration. Im Oktober verschärft sich die Situation zusehends. Innerhalb von zwei Wochen hat sich die Zahl der Demonstranten nach dem Friedensgebet in der Nikolaikirche am 2. Oktober auf 25 000 verzehnfacht. In Richtung der anstürmenden Sicherheitsstaffeln schallt der Ruf “Wir bleiben hier!” Und dann erstmals der Chor, der zum Schlagwort der friedlichen Revolution werden soll: “**Wir** sind das Volk!”
Die zunehmende Eskalation staatlicher Gewalt war abzusehen. Und immer noch leider auch dies: Kein einziges Wort einer christlichen Solidarität seitens der offiziellen katholischen Amtskirche in der DDR. Ich fahre am 3. Oktober früh

nach Dresden zu meinem Bischof in der Hoffnung, ihn zu einem Wort der Solidarität mit den zum Friedensgebet in der Leipziger Nikolaikirche Versammelten oder wenigstens zu einem Grußwort zu bewegen, vergeblich. Denn andere Leipziger Pfarrer raten ihm ab.

Die Hysterie um den 40. Jahrestag der DDR am 7. Oktober kennt keine Grenzen. In vielen Städten werden Demonstranten brutal zusammengeprügelt. Und um das Maß voll zu machen, werden DDR-Flüchtlinge aus der Prager Botschaft über Dresden in die Bundesrepublik abgeschoben. Dagebliebene und Mitwollende müssen sich auf dem Dresdener Bahnhof drangsalieren und prügeln lassen. Gewalt und Angst steigern sich in Dresden zu einem Grad an Panik, die bis zum 8. Oktober anhält. Die Erinnerung an die Bilder aus Peking Anfang Juni lähmt die meisten Hoffnungen und bindet viele Kräfte. In Berlin aber feiern die Staats- und Parteiführung ihre angebliche Überlegenheit über eine Perestrojka, die zwar für Völker des sowjetischen Entwicklungsstandes gut sei, aber ganz bestimmt nicht für ein so fortgeschrittenes Land wie die DDR tauge. Daß Honecker und Genossen an diesem 40. Staatsjubiläum ihr eigenes Requiem begießen, scheinen sie nicht zu ahnen – trotz der schicksalsschwangeren Worte des anwesenden Michail Gorbatschow, der "einen neuen Atem" in Ostberlin anmahnte, denn "Gefahren warten nur auf diejenigen, die nicht auf die brennenden Fragen des Lebens reagieren".

In Leipzig steigert sich indessen am 9. Oktober die Spannung ins Unerträgliche. Die Gerüchteküche brodelt: Panzer ständen vor der Stadt, chemische Kampfstoffe sollen bereitgestellt sein, Messehallen seien freigemacht zur Internierung Oppositioneller, Krankenhäuser hätten erhöhte Dienstbereitschaft und seien mit Blutkonserven versorgt für den Fall von Schußverletzungen; die "Schnelle Medizinische Hilfe" wird angewiesen, Verletzte ins Haftkrankenhaus zu bringen. Viele dieser Gerüchte bestätigen sich später, in der Planung vorgelegen zu haben. Schon um 14 Uhr ist die Nikolaikirche hoffnungslos überfüllt. Gleichzeitig finden in vier weiteren Kirchen des Stadtzentrums Friedensgebete statt. Sie sind ebenso überfüllt. Um sie alle sammeln sich riesige Menschentrauben. Die Angst steht den meisten im Gesicht. Aber sie bleiben. Die Kirchen werden zum Ort des Asyls. Über konfessionelle Grenzen hinweg finden Pfarrer und Prediger und engagierte Gemeindeglieder zur Gestaltung der Friedensgebete zusammen. Der evangelische Landesbischof Dr. Hempel geht in dieser Stunde von Kirche zu Kirche und verliest einen Aufruf zur Besonnenheit. Kurz vor dem Schlußsegen erscheint der Theologe Dr. Peter Zimmermann mit einer Resolution, die außer ihm der Kapellmeister des Gewandhauses, Prof. Kurt Masur, der Kabarettist Bernd-Lutz Lange und die drei SED-Bezirkssekretäre Dr. Roland Wötzel, Jochen Pommert und Dr. Kurt Mayer unterzeichnet hatten. Sie enthält die Bitte um Friedfertigkeit und kluge Zurückhaltung an die Menge sowie die Zusage, sich bei der Regierung von Stadt und Staat um den Beginn eines Dialogs zu bemühen. Diesen Aufruf sprach Kurt Masur für den Sender Leipzig, der ihn um 18 Uhr über den Stadtfunk verbreitete. Und obgleich die Tonsäulen des Stadtfunks für die 70 000 Demonstranten des 9. Oktober völlig unzureichend waren, ertönte aus der atemlosen Stille heraus ein tausendfacher Schrei der Erleichterung, vermischt mit starkem Beifall der Menschenmassen.

Zwar mutete der Wortlaut der Resolution relativ harmlos an. Doch zu diesem Zeitpunkt waren diese Worte etwas geradezu Unerhörtes. Solche Worte und eine derartige gemeinsame Erklärung hatte es bisher all die 40 Jahre lang nicht gegeben. Und so begann am 9. Oktober nach dem Friedensgebet eine zweite Abstimmung mit den Füßen: die Demonstration der 70 000, die auf dem Ring um die Innenstadt zieht. Drei Losungen bestimmen diese erste große Demonstration: "Wir bleiben hier!" "Wir sind das Volk!" – "Keine Gewalt!" Und immer wieder holt der Ruf! "Schließt euch an!" die Zaungäste an den Straßenrändern mit in die Demonstration hinein. Es ist, als ob Tausende aus einer jahrzehntelangen Apathie erwachen. Kritisch wird es an der "Runden Ecke", der Bezirksverwaltung der Staatssicherheit. Ein gewaltiges Pfeifkonzert setzt ein, Rufe ertönen: "Schämt euch was! – Stasi in den Tagebau! – Faultierfarm! – Wir verdienen euer Geld! – Ihr seid das Letzte!"

Aber vor dem Eingang zur Stasizentrale stehen an diesen ersten Montagen Vertreter der Basisgruppen mit dem Spruchband "Keine Gewalt!" Kerzen werden angezündet. Daß es bis zur Übernahme des Stasigebäudes durch das Bürgerkomitee Anfang Dezember über Wochen hinweg gelingt, einen blinden Haß zu verhindern und dafür souveräne Verachtung zu zeigen, das zeugt von Mut und Hoffnung. Eine magische Kraft der Friedfertigkeit bricht sich Bahn. Eine Kraft, die keinen magischen Ursprung, sondern eine ganz reale Quelle hat: Über 10 000 Beter in nunmehr sieben Kirchen des Stadtzentrums. Darunter jetzt endlich – viel zu spät, wie engagierte Katholiken empfinden – auch eine katholische, die Propsteikirche.

Die Friedensgebete in den Leipziger Kirchen im Herbst 1989 bilden das Gerüst des "Stundenbuchs einer deutschen Revolution". Der Autor, Pfr. Hans-Jürgen Sievers, war mit seiner reformierten Gemeinde im Zentrum Leipzigs unmittelbar ins Geschehen mit einbezogen und hat die Andachtstexte durch eigene Berichte, Aufrufe, Zeugnisse von Betroffenen auf beiden Seiten, kirchliche Stellungnahmen, Zeitungsartikel und 24 Fotos ergänzt. So können wir – die Mitbeteiligten von damals sowie Außenstehende – das dramatische Geschehen vom Oktober 1989 Tag für Tag nachvollziehen.

Abschließend soll ein junger Theologe aus Leipzig zu Wort kommen, der die Vorgänge in seiner Heimatstadt seit Mitte Oktober aus der Schweiz verfolgen mußte. Thoralf Spieß schreibt seiner reformierten Gemeinde in Leipzig, bei der er seit Anfang September '89 sechs Wochen als Vikar gearbeitet hatte: "Heute meine ich, daß die aktive Auseinandersetzung mit den Problemen, die damals herrschten, wie auch die aktive Fürbitte, die bewirkte, daß wir unsere Kirche für jede sich politisch engagierende Gruppe öffneten, genau die richtigen Antworten auf die Fragen der Zeit waren, die an uns speziell gerichtet waren. In diesem Sinne bin ich froh darüber, daß wir damals nicht mehr und nicht weniger getan haben, als mit allen Kräften die Konsolidierung von politischen Gruppen sowie die freie Meinungsäußerung zu unterstützen. In meiner letzten Predigt sagte ich, daß die Revolution auf der Straße und nicht in den Kirchen stattfand. Aber ich habe auch betont, daß die Demonstrationen – zumindest in der Zeit, da ich noch bei Euch sein konnte – immer erst nach den Gottesdiensten stattgefunden hatten. Ich habe auch betont, daß es wohl zu einem guten Teil das Verdienst der Kirchen ist, daß diese Demonstrationen so gewaltlos abliefen. Ob wir damit nun unserer Aufgabe genügt haben, ist schon schwerer zu entscheiden..."

Pfr. Hans-Friedrich Fischer
Oratorium des Hl. Philipp Neri
Leipzig, im August 1990

Hans-Friedrich Fischer, katholischer Pfarrer, Mitglied des Leipziger Oratoriums des Hl. Philipp Neri, war Leiter des katholischen "Friedensarbeitskreises Lindenau-Grünau" in Leipzig und vermittelte im Konflikt um die Friedensgebete in der Nikolaikirche vom Sommer 1988 zwischen Kirchenvorstand und Basisgruppen.

## Vom Aufrührer zum Anwärter auf den Friedensnobelpreis
Zitate zu den Friedensgebeten in Leipzig

Am 29. September 1989 spricht der Leipziger Oberbürgermeister Dr. Seidel vor der Stadtverordnetenversammlung im Blick auf die wöchentlichen Friedensgebete von "Talarträgern, die Aufruhr predigen". Am 3. November tritt Dr. Seidel von seinem Amt zurück.

*Leserbrief*

"...Wir sind dagegen, daß diese kirchliche Veranstaltung mißbraucht wird, um staatsfeindliche Provokationen gegen die DDR durchzuführen. Wir fühlen uns belästigt, wenn wir nach getaner Arbeit mit diesen Dingen konfrontiert werden ... Wir sind bereit und willens, das von uns mit unserer Hände Arbeit Geschaffene wirksam zu schützen, um diese konterrevolutionären Aktionen endgültig und wirksam zu unterbinden. Wenn es sein muß, mit der Waffe in der Hand ..."

Kommandeur Günter Lutz im Auftrag der Kampfgruppen-Hundertschaft "Hans Geiffert" in einem Leserbrief an die "Leipziger Volkszeitung" am 6.10.1989

*"Leipzig"*

"Leipzig ist zu einem Zentrum der Weltpolitik geworden, denn die Welt sieht auf diese Stadt."

Dr. Roland Wötzel, als Sekretär der Bezirksleitung der SED einer der sechs Unterzeichner des Leipziger Aufrufs zum Dialog, wenig später zum 1. Sekretär der Bezirksleitung gewählt, bei einer Diskussionsveranstaltung am 21. Oktober 1989 im Studentenklub "Moritzbastei".

*"Kirche im Sozialismus"*

"Prof. Bramke sprach davon, daß die Kirchen die enorme Belastungsprobe, die ihnen unvermittelt zuwuchs, hervorragend bewältigt hätten und als Vermittler fungierten. Kirche im Sozialismus sei sie auch dann, wenn der Massenzulauf künftig nachlassen sollte, man denke nur an die unverzichtbaren Werte ihrer Lehre."

Aus einem Bericht der Zeitung "Die Union" vom 1.11.1989 über eine Dialogveranstaltung in Leipzig. Der erwähnte Professor wirkt an der Sektion Geschichte der Karl-Marx-Universität Leipzig als Historiker.

*Heldenstadt Leipzig*

"... Und noch ein Wort: Der Erfolg hat bekanntlich viele Väter. Offenbar glauben viele, die Veränderungen in der DDR sind schon erfolgreich, denn es melden sich jetzt viele Väter des Erfolgs, merkwürdige Väter, bis hoch in die Spitze des Staates. Aber ich denke, unser Gedächtnis ist nicht so schlecht, daß wir nicht wissen, wer damit begann, die übermächtigen Strukturen aufzubrechen, wer den Schlaf der Vernunft beendete. Es waren die Vernunft der Straße, die Demonstrationen des Volkes. Ohne diese Demonstrationen wäre die Regierung nicht verändert worden, könnte die Arbeit, die gerade erst beginnt, nicht erfolgen. Und da ist an erster Stelle Leipzig zu nennen. Der Oberbürgermeister unserer Stadt sollte im Namen der Bürger Berlins, da wir alle gerade mal hier zusammenstehen, dem Staatsrat der Volkskammer vorschlagen, die Stadt Leipzig zur Heldenstadt der DDR zu benennen. Wir haben uns an den langen Titel 'Berlin – Hauptstadt der DDR' gewöhnt, ich denke, es wird uns leichter sein, uns an ein Straßenschild 'Leipzig – Heldenstadt der DDR' zu gewöhnen. Der Titel wird unseren Dank bekunden, er wird uns helfen, die Reformen unumkehrbar zu machen. Er wird uns an unsere Versäumnisse und Fehler der Vergangenheit erinnern, und er wird die Regierung an die Vernunft der Straße mahnen, die stets wach blieb und sich wieder zu Wort meldet."

Der Schriftsteller Christoph Hein bei der Großkundgebung in Berlin am 4. November 1989

*Würdigung der Kirchen*

"Verehrte Abgeordnete! Die Regierung würdigt ausdrücklich das konstruktive Wirken kirchlicher Vertreter im Ringen um die Erneuerung unserer Gesellschaft. Ihr mäßigender Einfluß in kritischen Situationen verdient Achtung und Respekt. Der Ministerrat der DDR betont seine Absicht, konstruktive, sachliche und vertrauensvolle Beziehungen zu den Kirchen zu unterhalten. Wir ermutigen die Kirchen, durch eigenständige Beiträge Verantwortung für die künftige Gestaltung der sozialistischen Gesellschaft der DDR wahrzunehmen."

Ministerpräsident Hans Modrow während seiner Regierungserklärung am 17. November 1989.

*Nobelpreiswürdig*

"Dr. Rudolf Krause regte an, daß der Bezirkstag dem Ministerpräsidenten Modrow vorschlagen soll, beim Nobelpreiskomitee zu beantragen, den Leipziger Kirchen angesichts ihrer Verdienste um den friedlichen Wandel unserer Gesellschaft den Nobelpreis zu verleihen."

Aus einem Bericht über die Tagung des Bezirkstags des Bezirks Leipzig in der Zeitung "Die Union" vom 15. Dezember 1989

*Partei ergreifen*

"Eine Kirche, die aus lauter Angst, nur ja nicht in den Schein zu kommen, Partei zu ergreifen, nie und nimmer Partei zu sein sich getraut, sehe wohl zu, ob sie sich nicht notwendig kompromittiere: mit dem Teufel nämlich, der keinen lieberen Bundesgenossen kennt als eine um ihren guten Ruf und sauberen Mantel besorgte ewig meditierende, ewig neutrale Kirche: eine Kirche, die allzu bekümmert um die doch wirklich nicht so leicht zu bedrohende Transzendenz des Reiches Gottes – zum stummen Hunde geworden ist."

Karl Barth

Während der Friedensgebete im Herbst 1989 hingen diese Worte als großes Plakat in einer der beteiligten Kirchen.

## Vom Gebet zur friedlichen Revolution

"Jetzt bitten wir Sie, nach Verlassen der Kirche unverzüglich nach Hause zu gehen!" so lautete monatelang die Mahnung in der Leipziger Nikolaikirche am Schluß der Friedensgebete. Vergeblich, vielleicht auch deshalb, weil nicht jeder der Prediger es so meinte, wie er es sagte. Immer mehr Menschen blieben montags nach dem Gottesdienst auf dem Platz vor der Kirche. Schließlich gingen sie, von Woche zu Woche in größerer Zahl, um den Leipziger Ring, der früher die Stadtmauer trug und jetzt die Innenstadt einschließt. Schon längst reichte eine Kirche nicht mehr aus für die vielen Gottesdienstbesucher. Die Bewegung griff über von Leipzig auf die anderen Städte des Landes. Schließlich hatten Ende Oktober, Anfang November auch kleinere Orte ihr Friedensgebet und ihre Demonstration.

Überall nahmen die Gottesdienstbesucher etwas mit von dem Geist des Friedens, um den sie gerade gebetet hatten, trugen ihn auf die Straße und steckten auch die an, die keinen Platz in den Kirchen gefunden hatten. Eine tiefgreifende, aber vollkommen friedliche Revolution begann, führte innerhalb eines Vierteljahres zu einer völligen Umgestaltung der Gesellschaft, übersprang die Landesgrenzen und wurde in dieser ganzen Zeit ständig begleitet von den Gebeten in den Kirchen.

## Warum gerade Leipzig?

Warum diese Bewegung gerade in Leipzig begonnen hat, haben sich viele gefragt. Keine Antwort befriedigt ganz. Leipzig als zweitgrößte Stadt der DDR leidet besonders unter der Umweltverschmutzung, und der Verfall der Bausubstanz ist erschreckend. Leipzig mobilisierte durch den evangelischen Kirchentag Anfang Juli 1989 schon einmal eine große Zahl von Menschen und erlebte bei der Abschlußveranstaltung dieses Kirchentages eine große, spontane Demonstration. Das alles sind mögliche Gründe. Vielleicht liegt der Grund auch darin, daß Berlin schon seine Emotionen verbraucht hatte bei den Unruhen Anfang 1988 anläßlich von Verhaftungen bei Demonstrationen und der Abschiebung vieler Betroffener, nach-

dem überall im Lande Fürbittandachten und andere Aktionen begonnen hatten.
Dresden erlebte zweimal die Ökumenische Versammlung für "Gerechtigkeit, Frieden und Bewahrung der Schöpfung" und die Unruhen um den Bau eines Chemiewerkes. Viele Tabuthemen waren angesprochen, viele Reden gehalten. In Leipzig hatte sich die ständig zunehmende Verärgerung der Menschen noch nicht in der einen oder anderen Weise abreagieren können. Leipzig hatte nur das montägliche Friedensgebet. Aber gerade dieser wöchentliche Anziehungspunkt für Menschen, die an den Zuständen in der Gesellschaft litten, bildete in den Tagen der Verzweiflung über die Flucht so vieler junger Menschen via Ungarn oder die ČSSR und der ohnmächtigen Wut über die handlungsunfähige Regierung den Anstoß. So begann in Leipzig die Oktoberrevolution 1989.

## Der Ursprung der Friedensgebete im Jahre 1982

"Wachet und betet" sagt Jesus seinen Jüngern, als er sie im Garten Gethsemane schlafend findet. Vielen Menschen erscheint das Gebet als eine Form der Flucht aus der Realität, des Nichtstuns. Kirchen haben sich oft aus der Realität geflüchtet, haben geschlafen und die Augen verschlossen vor den Problemen der Welt, doch nie, wenn sie gebetet haben. Wer betet, schläft nicht und verschließt seine Augen und seine Lippen nicht. Er spricht das, was ihn bewegt, was angesprochen werden muß, immer und immer wieder aus.
Was mit wachen Sinnen im Gebet ausgesprochen ist, läßt sich nicht verdrängen. Das Friedensgebet, zu dem die Einwohner der ganzen Stadt jeden Montag in die Nikolaikirche eingeladen wurden, hatte es übernommen auszusprechen, was sonst in der DDR als Tabuthema galt. Meist wurden diese Gottesdienste von den unterschiedlichsten Basisgruppen gestaltet, die Hauptverantwortung lag jedoch bei dem Gemeindepfarrer Christian Führer und dem Superintendenten Friedrich Magirius.
In einem Interview in einer Leipziger Tageszeitung sagte Superintendent Magirius am 24. November über diese besondere Form der kirchlichen Verkündigung:

“Diese Andachten gibt es seit 1982. Ihr Hintergrund war, daß die weitere Aufstellung von NATO-Raketen in Westeuropa sowie von Raketenwaffen in der DDR und den Staaten des Warschauer Vertrages verhindert werden sollte. Wer dagegen mit Kerzen auf der Straße protestierte, war oft schlimmen Auseinandersetzungen mit der Polizei ausgeliefert. Ähnliches gab es auch bei der Aktion ‘Schwerter zu Pflugscharen’. Die Schutzsuchenden, neben vielen Christen auch andere Menschen, haben wir in unsere Kirche eingelassen.

Was damals wie eine Utopie erschien, daß Gebete und Nachdenken etwas verändern können, wurde doch wirklich: Abrüstung, als Koalition der Vernunft, kann die gesamte Kirche zu ihrem Vorläufer rechnen. Daß wir so lange durchhielten, liegt vielleicht an der rein kirchlichen Mentalität, begonnene Treue zu bewahren. Entgegen jeder Erwartung hat sich hier etwas bewegt, gleichsam als Zeichen und Wunder hat die Vernunft sich durchgesetzt. Denn zum äußeren Frieden, um den wir bangten, kam der Einsatz um den inneren noch hinzu. Im Laufe des Helsinkiprozesses bildeten sich Gruppen, die sich für die Einhaltung z.B. der Menschenrechte in unserem Land einsetzen wollten.

Eine schlimme Zeit begann im vergangenen Jahr mit der Ausreisewelle jener Gruppen, die hier in unserer Gesellschaft etwas verändern wollten und die keine Hilfe fanden. Es gab eine merkwürdige Taktik der Sicherheitskräfte: Wer am lautesten schrie, ging als erster raus. Das wirkte wie eine Einladung, sich besonders provozierend hervorzutun. Die Spannungen wuchsen noch mit den Kommunalwahlen. Es gab viel Verdruß, als jedermann sah, daß die Zahlen nicht stimmten.”

Bei den Vorbereitungen des Leipziger Kirchentages war von den staatlichen Gesprächspartnern mehrfach die Beendigung dieser Friedensgebete gefordert worden. Die Haltung der lutherischen Landeskirche war hier eindeutig: Solange ein Gottesdienst vom Wort Gottes her getragen und somit ein wahrer Gottesdienst ist, wird die Kirche ihn nicht einstellen. Neben diesen Forderungen versuchten es die Behörden mit massiven Einschüchterungen. Die Präsenz der Sicherheitskräfte wurde immer größer. Neben schnell erkennbaren Mitarbeitern des Staatssicherheitsdienstes stand uniformierte Polizei bereit und

räumte regelmäßig einige Zeit nach den Gottesdiensten den Platz vor der Nikolaikirche. Immer wieder wurden dabei Menschen zugeführt, d. h. für 24 Stunden festgehalten, und dabei häufig mit Geldstrafen belegt.
Trotzdem, oder vielleicht gerade deswegen, nahm die Zahl der Besucher und der vor der Kirche wartenden Beobachter nicht ab. Das Gefühl der Bedrohung steigerte sich durch einen langen Artikel in der der SED unterstehenden "Leipziger Volkszeitung". Unter der Überschrift "Was trieb Frau A. K. ins Stadtzentrum?" wurden die Friedensgebete, ohne auf deren Inhalt einzugehen, massiv angegriffen. Zuletzt wurden in diesem Artikel Zuschriften an die Zeitung zitiert. Hier ein kurzer Auszug:

### Leserbrief gegen die Friedensgebete

*Leipziger Volkszeitung, 24. Juni:*

Frau Ferber schreibt: "Wir älteren Bürger sind beunruhigt über die Ansammlungen vor der Nikolaikirche. Man fühlt sich belästigt und muß die Abendstunden meiden, durch die Innenstadt zu bummeln. Herr Urban fordert im Auftrag der Bürger seines Wohnbezirks: Stadtordnung und Straßenverkehrsordnung müssen komplexer und ohne Ansehen der Person durchgesetzt werden . . . Veranstalter müssen zusichern, daß der Mißbrauch ihrer Veranstaltung verhindert wird. Weil ihm letzteres ausdrücklich am Herzen liegt, schickte Herr Urban einen Durchschlag seines Briefes zugleich an Herrn Superintendent Magirius mit dem Hinweis, 'daß der Ruf der Stadtkirche St. Nikolai in letzter Zeit mehrfach durch Menschen belastet wurde, die die Kirche für persönliche und teils provokatorische Handlungen nutzten'."

Dieser am 24. Juni 1989 geschriebene Artikel schien die Begründung für einen massiven Einsatz gegen diese Gebete zu sein. Wenige Wochen später begann die Sommerpause. Das nächste Friedensgebet sollte in der Messewoche am 4. September sein.
Am ersten Montag im September waren etwa 1000 Besucher in der Kirche. Draußen warteten viele westliche Journalisten, denen die Stadt außerhalb der Messezeit in der Regel versperrt

war. Superintendent Magirius, der dieses erste Friedensgebet nach jener dramatischen Sommerzeit übernommen hatte, stellte das Gedenken an den 50. Jahrestag des Beginns des 2. Weltkrieges in den Mittelpunkt seiner Ansprache vom 4. September über das Wort von der Versöhnung (2Kor. 5). Einige Sätze aus seiner Predigt:

### Predigt von Superintendent Magirius (Auszug)

*Nikolaikirche, Montag, 4. September*

"Friedensgebet – 50 Jahre nach dem Überfall auf Polen – aber die meisten von Euch werden fragen: Wo kommen wir da vor? Doch keiner kann ohne seine Geschichte leben. So vieles, worunter wir heute leiden, hat seine Ursache in dieser Geschichte ... In der letzten Phase des Krieges wurden Brücken gesprengt ... Das ist die Folge der Kriegserklärung, daß aus Nachbarn Feinde werden.

Wieviele Brücken hat jeder von uns schon abgebrochen, zum Elternhaus, zum Freundeskreis ... Das unermeßliche Leid des Krieges und der Nachkriegszeit läßt sich nicht in Zahlen ausdrücken. Wir werden Ängsten, Schrecken und Qualen der Umgekommenen und Ermordeten nicht gerecht durch ehrendes Andenken allein. Noch leben Zeitzeugen: jüdische Mitbürger, deren Angehörige in die Gaskammern mußten ... Warum wird in unseren Kirchen immer wieder an den Schuldzusammenhang erinnert? Weil Versagen und Versäumnis ausgesprochen werden muß. Weil es ohne Bekennen der verkehrten Wege und Entscheidungen keine Überwindung, keine Vergebung gibt. Ohne Überheblichkeit und ohne Besserwisserei sagen wir es auch im Blick auf die Entwicklung unserer eigenen Gesellschaft: Wir, die wir hier leben und bleiben wollen, leiden darunter, daß nicht gemeinsam nach den Fehlern und Wurzeln gesucht wird, warum Menschen unser Land verlassen ...

Ich frage mich auch, wo unsere Defizite als Christen gelegen haben ... Wo Schuld bekannt wird, gibt es Vergebung. Doch geht es dabei nicht um einen Akt guten Willens: 'Kommt, laßt uns wieder anfangen und von vorn beginnen.' Nein, was an Unmenschlichkeit und Völkermord geschehen ist, kann nicht

wieder gutgemacht werden. Gott selber hat die gesprengten Brücken wieder erneuert ... In Jesus Christus ist er zu uns Menschen gekommen ... Wem die Augen für diese Wirklichkeit aufgehen, sieht die Welt vom Kreuz Christi her. Durch Seinen Einsatz wird das Trennende zwischen uns beseitigt ... In unserer Kirche gibt es als Ergebnis des Umdenkens und der Umkehr einen Versöhnungsdienst: 'Aktion Sühnezeichen'. So zogen die ersten Gruppen in den sechziger Jahren in unser Nachbarland Polen und suchten die dunkelsten Stationen auf, nicht um dort Kränze niederzulegen, sondern um zu arbeiten. Kritiker lachten: Laßt doch endlich Gras wachsen über die Vergangenheit. Unsere polnischen Nachbarn merkten genau, daß nicht wieder deutsche Touristen kamen in alter Überheblichkeit, – weil sie ja tüchtiger, fleißiger, ordentlicher und darum überlegener sind.
So wuchsen Brücken der Verständigung ... Aber Völkerfreundschaft bleibt eine politische Parole, der eigentliche Heilungsprozeß geschieht in der Begegnung von Mensch zu Mensch, Familie zu Familie, Gemeinde zu Gemeinde ..."

*Aus dem Fürbittgebet vom 4. September*

"Wir bitten dich für uns und alle Menschen, die Frieden und Versöhnung praktizieren wollen – um Ausdauer und Phantasie, um den langen Atem für die vielen kleinen Schritte und den offenen Blick für das, was heute zu tun nötig ist. Wir bitten dich um Mut, daß wir Auseinandersetzungen nicht aus dem Weg gehen und zum Dialog fähig werden. Hilf uns, daß bei allem was wir tun und reden, deine Liebe wirksam wird ..."
Das Geschehen nach dem Gottesdienst schildert eine innerkirchliche Information mit folgenden Worten:
"Im Anschluß an diesen Gebetsgottesdienst, der in großer Stille verlief und den die Teilnehmer betend und singend mitvollzogen, kam es dann auf dem Nikolaikirchhof zu demonstrativen Ereignissen. Vor den Kameras westlicher Medien wurden in Form von Sprechchören und Zeichen Menschenrechte wie Versammlungs-, Presse- und Reisefreiheit gefordert. Transparente wurden entfaltet. Daraufhin griffen Mitarbeiter des Ministeriums für Staatssicherheit ein, nahmen die Transparente an sich und führten Menschen ab. Hunderte von

Polizisten standen bereit, um Demonstrationen zu verhindern. Viele Menschen, die auf dem Nikolaikirchhof zusammenkommen, haben einen Übersiedlungsantrag gestellt, andere suchen mit Initiativgruppen für Menschenrechte einzutreten. Dies geschieht völlig gewaltlos. Auch die Polizeikräfte suchen Gewalt zu vermeiden. Aber schon die stille Konfrontation ist furchterregend. In der Nikolaikirche wird um das Vermeiden jeder Art von Provokation gebeten. Christen vertrauen dem Wort Gottes und der Fürbitte."

## Brief der evangelischen Kirchenleitungen an E. Honecker

*Berlin, 4. September*

An die Gemeinden der Gliedkirchen
des Bundes der Evangelischen Kirchen in der Deutschen
Demokratischen Republik

Liebe Schwestern und Brüder!
Die Konferenz der Evangelischen Kirchenleitungen hat sich auf ihrer Tagung am 2. September 1989 mit einem Schreiben an den Vorsitzenden des Staatsrates der Deutschen Demokratischen Republik gewandt. Im folgenden geben wir den Wortlaut bekannt:
"Beunruhigt und betroffen sieht die Konferenz der Evangelischen Kirchenleitungen, daß die Zahl derer, die einen Antrag auf Entlassung aus der Staatsbürgerschaft der DDR stellen, nicht abnimmt, daß Bürger auf dem Weg über die ungarisch-österreichische Grenze die DDR verlassen und daß einzelne ihre Ausreise mit anderen Aktionen zu erzwingen suchen.
Die Konferenz ist im Blick auf diese Situation ratlos. Auch die von der Konferenz erbetenen Reiseerleichterungen haben in ihrem bisherigen Umfang nicht dazu geführt, die Zahl der Ausreiseanträge zu vermindern. Die Konferenz kann keine kurzfristige Lösung für diese Probleme anbieten. Sie sieht eine wesentliche Ursache für Ausreiseanträge darin, daß von den Bürgern erwartete und längst überfällige Veränderungen in der Gesellschaft verweigert werden. Sie hält es für unabdingbar und dringlich, in unserem Land einen Prozeß in Gang zu setzen, der die mündige Beteiligung der Bürger an der Gestaltung

unseres gesellschaftlichen Lebens und eine produktive Diskussion der anstehenden Aufgaben in der Öffentlichkeit sichert und Vertrauen zur Arbeit der staatlichen Organe ermöglicht.
Wir bitten deshalb erneut und dringlich darum,

- offene und wirklichkeitsnahe Diskussionen über die Ursachen von Unzufriedenheit und Fehlentwicklungen in unserer Gesellschaft zu führen und sie nicht sogleich durch stereotype Belehrungen oder sogar Drohungen abzuweisen;
- kritische Einwände der Bürger aufzunehmen und so zu berücksichtigen, daß sie in erkennbaren Veränderungen wirksam werden, die allen zugute kommen;
- auf zutreffende Informationen in allen Bereichen von Politik und Wirtschaft und auf eine realistische Berichterstattung in unseren Medien hinzuarbeiten, die nicht im Widerspruch zu dem stehen, was der Bürger Tag für Tag selbst sieht und erlebt;
- darauf hinzuwirken, daß alle Behörden jeden Bürger als mitverantwortlichen Partner respektieren und ihn nicht als Untergebenen bevormunden;
- für alle Bürger, unabhängig von verwandtschaftlichen Beziehungen, Reisemöglichkeiten in andere Länder zu eröffnen;
- allen ehemaligen DDR-Bürgern, die in ein anderes Land übergesiedelt sind, die Rückkehr offiziell zu ermöglichen.

Die Konferenz ist sich dessen bewußt, daß die Lösung der gegenwärtigen Probleme ein langwieriger Prozeß sein wird. In diesem Prozeß wird auch die Verhandlungs- und Veränderungsbereitschaft anderer Staaten, insbesondere der Bundesrepublik Deutschland, wichtig. Damit der Abbau der gegenwärtigen Spannungen und des einseitig wirkenden Wirtschaftsgefälles möglich wird, sind Umdenken und neue Konzeptionen erforderlich.
Die Konferenz sieht ihre Aufgabe vordringlich darin, mit den Gemeinden zu bedenken, was es für uns als Kirche bedeutet, daß Menschen bei uns nicht bleiben wollen. Am Leben und Handeln der Christen soll erkennbar sein, daß sie selbst bereit sind, sich zu verändern und in der Gesellschaft Verantwortung zu übernehmen.
Die Konferenz gibt diesen Brief ihren Gemeindegliedern zur

Kenntnis, um sie damit zu einem Nachdenken über die angesprochenen Probleme zu ermutigen."

Für das Gespräch in unseren Kirchen und für das Nachdenken jedes einzelnen wiederholt die Konferenz, was sie bereits mehrfach ausgesprochen hat:
Wir bitten, in der Gemeinschaft zu bleiben und die DDR nicht zu verlassen. Unsere Gesellschaft braucht jeden Menschen mit seinen Gaben und Fähigkeiten. Sie verliert Vielfalt, und unser Land wird ärmer, wenn Menschen sich zurückziehen und ausreisen. Jeder der geht, läßt andere einsamer zurück. . . . Die Kirche sieht ihre Aufgabe darin, zu Verhältnissen in der Gesellschaft beizutragen, unter denen Menschen gerne leben können und Anträge auf Entlassung aus der Staatsbürgerschaft nicht mehr stellen wollen. Dazu wird die Mitarbeit gerade auch derer gebraucht, die unter Defiziten unserer Gesellschaft leiden und Veränderungen anstreben.
Manche der Ausreisewilligen müssen wir fragen, an welchen Maßstäben sie ihre Lebensumstände und Lebenserwartungen messen. Wir warnen vor der Illusion, daß höherer wirtschaftlicher Wohlstand schon Lebenserfüllung bringt. Angesichts der bereits gerissenen unübersehbaren Lücken im Gesundheitswesen, in der Wirtschaft und in anderen Bereichen müssen wir daran erinnern, daß jeder Mensch nicht nur Verantwortung trägt für die Gestaltung seines eigenen Lebens, sondern Mitverantwortung hat für die Gemeinschaft, in die er hineingestellt wurde.

Es grüßt Sie
im Namen der Konferenz der Evangelischen Kirchenleitungen
Ihr Dr. Leich, Landesbischof

Die Bilder von den Ereignissen liefen wieder und wieder im westlichen Fernsehen und beschleunigten die sich nun von Montag zu Montag dramatischer entwickelnden Ereignisse. Schon eine Woche später gab es die ersten Verhaftungen, die den Volkszorn weiter schürten und das nötige Feindbild lieferten. Wir lesen einen Augenzeugenbericht.

## Im Polizeikessel

*Augenzeugenbericht vom 11. September*

"Am 11. September besuchte uns eine Theologiestudentin aus einer weiter entfernten Stadt, und um ihr etwas von dem kirchlichen Leben in Leipzig zu zeigen, ging ich um 17 Uhr mit ihr zum Friedensgebet in die Nikolaikirche. Wir bekamen nur noch mit Mühe einen Platz ganz hinten. Wegen der vielen Menschen wurden an diesem Tag auch die oberen Emporen geöffnet. Bischof Hempel war anwesend und sprach über einen Brief der Konferenz der Kirchenleitungen an Erich Honecker, der anschließend von Superintendent Magirius verlesen wurde. Der Gemeindepfarrer Führer predigte über eine Erzählung aus dem Alten Testament, die er als tolle Fluchtgeschichte ankündigte. Er redete von Jakob, der erst weggelaufen war, doch dann standgehalten hatte. Wahrscheinlich wollte er damit die vielen, die jetzt aus der DDR weggehen wollten, auffordern standzuhalten. Ich konnte mir jedoch nicht vorstellen, daß sehr viele seine Worte auch so verstanden haben.

Nach dem Gottesdienst blieben wir erst noch eine Weile in der Informationsecke der Kirche. Als wir auf den Platz vor der Kirche kamen, waren die meisten schon nach Hause gegangen. Einige Hundert standen jedoch noch dort. Nach etwa 10 Minuten gingen wir um die Kirche herum und sahen, daß der Durchgang zur Grimmaschen Straße mit einer Polizeikette abgesperrt war. Wir probierten mit etwas Herzklopfen aus, was passiert, wenn wir einfach auf die Polizeikette zugehen. Zu unserer Verwunderung ließ man uns einfach hindurch. Gerade wollten wir einen großen Bogen um die Kirche schlagen um zu sehen, ob noch andere Seitenstraßen abgesperrt waren, als wir vom Nikolaikirchhof Lautsprecherstimmen hörten. Schnell gingen wir durch die Theaterpassage, in der zwar Polizei stand, die aber nicht abgesperrt war, auf den Platz zurück. Hier konnten wir die Stimmen aus dem Lautsprecher auch verstehen. Es wurde aufgefordert, den Platz durch die Ritterstraße zu verlassen. Es ging jedoch kaum einer und auch wir beide blieben. Von Zeit zu Zeit hörten wir, wie empört 'buh' gerufen wurde, konnten jedoch den Grund nicht erkennen. Später erfuhren wir, daß das immer dann geschah, wenn gezielt aus der

Menge Personen herausgegriffen und zu den Polizeilastwagen gebracht wurden. Offensichtlich wußten die Sicherheitskräfte genau, wen sie greifen wollten - aktive Mitglieder verschiedener Basisgruppen. Wir beide hielten respektvoll Abstand zu den von zwei Seiten voranschreitenden Polizeiketten und wurden mit den übrigen in die Ritterstraße abgedrängt. Einige versteckten sich noch rechtzeitig im kirchlichen Gemeindehaus, bis der Eingang dazu hinter der Polizeikette lag. Auf einmal riegelten Polizisten auch die Ritterstraße vor uns ab. Wir waren in einem Polizeikessel, der durch das langsame Vorrücken der Polizei immer enger wurde. Einige versuchten, sich durch die Kette zu drängen, wurden aber mit Gewalt zurückgedrängt. Ein Vater versuchte es mit seiner etwa fünfjährigen Tochter, doch auch ihn schob man heftig zurück. Das Mädchen weinte laut, als es der Vater ein zweites Mal versuchte und rief laut: 'Ich will nicht zur Polizei.' Meine Begleiterin sah sehr blaß aus und auch mir wurde es langsam flau im Magen. Mit halblauter Stimme wurde gerufen: 'Frauen können durch', und ich sagte zu unserem Besuch: 'Gehen Sie schnell'. Jetzt rechnete ich fest damit, von der Polizei mitgenommen zu werden, als es durch die Polizeilautsprecher tönte: 'Einzeln durchgehen'. Trotzdem gab es noch Probleme beim Durchgehen, aber da einzelne so drängten und schimpften, ließ man schließlich einige durch, darunter auch mich. Am nächsten Tag erfuhr ich, daß von den Zurückgebliebenen mehr als 100 festgenommen und zugeführt worden sind. Die Sicherheitsorgane waren dabei sehr brutal vorgegangen. Ein Mann war in einen Hauseingang gezerrt und von vier Sicherheitsbeamten zusammengeschlagen worden, andere wurden an ihren Haaren weggezogen. Nach einem Tag waren bis auf elf alle anderen wieder auf freien Fuß gesetzt, nachdem sie vorher zu Geldstrafen von 1000–5000 Mark verurteilt worden waren. Die elf wurden im Schnellverfahren zu einigen Monaten Haftstrafe verurteilt. Wahrscheinlich sollte das die Rache für die Ereignisse am Montag zuvor gewesen sein, wo sich die Sicherheitsorgane nicht trauten, vor den Augen der westlichen Journalisten brutal gegen die Gottesdienstbesucher vorzugehen. Wenige Tage nach diesem Montag begannen die Fürbittandachten für die Inhaftierten."

## Innerkirchliche Information an die Pfarrämter (Auszug)

*Im September*

"Auf Grund der Ereignisse am 11.9.1989 hat der stellvertretende Vorsitzende für Inneres beim Rat des Bezirkes Leipzig, Dr. Reitmann, Landesbischof Dr. Hempel am 13. 9. 1989 kurzfristig um ein Gespräch gebeten. Dieser Bitte wurde noch am gleichen Tag entsprochen. Der Landesbischof wurde von Oberlandeskirchenrat Hofmann und Superintendent Richter begleitet. Neben Dr. Reitmann nahmen der Staatsanwalt des Bezirkes Leipzig und ein Abteilungsleiter der Bezirksstaatsanwaltschaft an diesem Gespräch teil. Der Bezirksstaatsanwalt informierte die kirchlichen Vertreter über die Ereignisse aus der Sicht der Ermittlungsorgane und teilte mit, daß in insgesamt 41 Fällen Ermittlungsverfahren eingeleitet wurden, die zum Teil durch Erlaß von Strafbefehlen bereits abgeschlossen sind. Unter den noch in Untersuchungshaft befindlichen Teilnehmern, die mit einer Anklageerhebung rechnen müssen, befinden sich auch fünf Mitarbeiter bzw. Studenten unserer Landeskirche bzw. des Theologischen Seminars Leipzig. Kirchlicherseits wurde darauf hingewiesen, daß die Ursachen für die Ereignisse nicht in dem vorausgehenden Friedensgebet, sondern in ungelösten Problemen unserer Gesellschaft zu suchen sind, deren Lösung mit strafrechtlichen Maßnahmen nicht erreicht werden kann. Diese bergen vielmehr ebenso wie das Vorgehen der Sicherheitskräfte nur die Gefahr einer Eskalation in sich, woran keiner der beteiligten Seiten um der Menschen willen in unserem Land gelegen sein kann."

## Beginn der Fürbittandachten

*Mitte September*

Wenige Tage nach den Verhaftungen begannen tägliche Fürbittandachten für die Inhaftierten in den Leipziger Kirchen. Schnell gab es dafür eine gewisse Ordnung. So traf man sich jeden Dienstag in der Reformierten Kirche, mittwochs in der Michaelis- und donnerstags in der Lukaskirche. Getragen wurden diese Andachten von jungen Leuten, die nicht nur all ihre Freizeit daran setzten, sondern selber Benachteiligungen

mancherlei Art riskierten. Allen Beteiligten war klar, daß es sich hier nicht nur um Gottesdienste handelte, sondern um eine Form des Widerstandes und des Protests. Es konnte und sollte nach dem Willen der meisten der hier Engagierten ein Prozeß in Gang kommen, der, ähnlich wie im Januar 1988, von Berlin aus viele Orte der DDR erfaßt und zu Veränderungen führt.
Neben den Friedensgebeten an jedem Montag fanden diese Gottesdienste nicht die erhoffte große Aufmerksamkeit. Die Besucherzahl schwankte zwischen 80 und 150. Aber auch sie beschleunigten die Entwicklung. Viele der von den jungen Menschen erarbeiteten Texte für diese Gebete hatten eine hohe Qualität und zeugten von der Reife der Verantwortlichen. Auch in anderer Weise waren diese Zwanzigjährigen der Motor der Bewegung, schleusten unter großen Gefahren Journalisten ein, organisierten Geldspendeaktionen und waren die ersten bei den Demonstrationen. Rückblickend sprach man von der Revolution der Zwanzigjährigen, die die Vierzigjährigen an die Macht brachten. Die Bevölkerung der DDR hat diesen oft namenlos Gebliebenen viel zu danken.
Während der Zeit bis zur Freilassung der Inhaftierten wurde in einer Ecke neben dem Seiteneingang der Nikolaikirche ein Platz des mahnenden Gedenkens eingerichtet. Ständig wurden dort brennende Kerzen abgestellt und Blumensträuße niedergelegt.

### "Darf ich in diese Welt Kinder gebären ?"

*Aus einem Fürbittgebet von Mitte September*

"Ich hätte meine Kinder verurteilt zu leben, wo Kulturschänder die Macht haben und Polizeiketten gegen Musikanten stehen, wo man für öffentliche Meinungsäußerung ins Gefängnis muß.
Meine Kinder müßten leben, wo Heuchelei eine Tugend ist, wo Phantasie und Sensibilität zum psychiatrischen Vokabular zählen. Was soll ich tun? Darf ich in diese Welt Kinder gebären? Ich kann diese Frage nicht beantworten. Ich weiß nur, wir dürfen nicht mehr still und feige als passive Zuschauer existieren. Wir sollten in die Öffentlichkeit gehen, denn jetzt sind wir viele, so daß man uns nicht mehr alle verhaften oder in dunkle Straßen treiben kann und wir einfach verschwinden."

"Dem ersten Schritt der Willenskundgebung müssen andere folgen. Klare Forderungen der Umgestaltung müssen formuliert und unter die Massen gebracht werden. Auf breitester Basis sollten wir über Vorstellungen einer künftigen Gesellschaft der DDR diskutieren. Die Zeit des Umbruchs hat begonnen, aber eine Umgestaltung läuft nicht allein."

Kornelia Fromme und Jochen Lässig bei einem Fürbittgebet in der Reformierten Kirche

## Die Polizei weicht zurück

*Montag, 18. September*

In Windeseile verbreitete sich in Leipzig nach dem 18. September die Nachricht: "Die Polizei war zurückgewichen." Sie wich zwar nur an einer Stelle zurück, nur um wenige Meter, aber es genügte, um in noch größerer Spannung den nächsten Montag zu erwarten. Zu den Friedensgebeten schienen jedesmal doppelt soviele Menschen zu kommen wie die Woche zuvor. In der Nikolaikirche wurde dringend geraten, weitere Konflikte zu vermeiden und nach dem Gottesdienst gleich nach Hause zu gehen. Die meisten der Besucher befolgten diese Worte. Doch Menschen, die in den umliegenden Straßen warteten und die Polizei beobachteten, strömten auf den Platz. Es kam zu bedrohlichen Szenen zwischen ihnen und der Polizei. Über eine der Polizeiketten wurde aus einem der Häuser unter dem Gejohle der Umstehenden ein Eimer Wasser gegossen. Auf dem Leipziger Brühl, einer der Fußgängerzonen der Innenstadt, stellte sich eine größere Menschenmenge so aggressiv um ein Polizeiauto, daß dieses zurückwich. Für einige erschien das schon beinah wie ein Sieg. Weitsichtigere ahnten, daß die Sicherheitskräfte alles tun würden, um ihre Autorität zurückzugewinnen.

Die Motivation der Menschen, die montags in die Innenstadt kamen, hatte sich deutlich spürbar gewandelt. Längst überwogen jene, die die Veränderungen im eigenen Land wollten. Der Ruf "Wir bleiben hier" wurde immer lauter. Viele Christen kamen als Zeichen des stummen Protestes.

## Ordnung und Sicherheit gewährleistet

*"Leipziger Volkszeitung" vom 19. September*

"Am 18. 9. 1989 kam es in den Abendstunden erneut im Bereich der Leipziger Innenstadt zu einer rechtswidrigen Zusammenrottung von Personengruppen.
Durch besonnenes und konsequentes Handeln der Einsatzkräfte der Deutschen Volkspolizei wurde die Ordnung und Sicherheit aufrechterhalten."

Notiz in der "Leipziger Volkszeitung" vom 19. 9. 1989

## "Ich habe einen Traum"

*Brief vom 24. September*

"Ich wache früh auf, nicht ein ungutes Gefühl, was mich sonst manchmal nicht schlafen läßt, empfinde ich, nein, heute morgen fühle ich mich wach, wach den neuen Tag zu leben. Ich stehe auf, öffne mein Fenster. Irgendwie ist die Luft heute nicht so drückend wie sonst, nicht Borna und Espenhain, nein, nach einer Frische riecht sie heute. Es tut gut, diese Luft zu atmen. Ich habe noch Zeit, bevor ich los muß. Ich nehme mir die Zeitung, die der Postbote mir immer sehr zeitig am Morgen einwirft. Heute erscheint mir die Zeitung irgendwie anders. Das erste Mal in meinem Leben lese ich in einer Zeitung, daß unsere Regierung jetzt eingesehen hat, daß sie in den letzten Jahren manches falsch gemacht hat. Sie haben eingesehen, daß man keine Mauer bauen darf, die ein ganzes Land von der übrigen Welt abschließt, daß man die in diesem Land lebende Bevölkerung mit einer spezifischen Volksbildung, mit dem Druck der Behörden, der Staatssicherheit, der Polizei zum Unmündigsein gebracht hat, daß man Leute nicht mehr zwingen darf, in Organisationen einzutreten, Jugendweihe zu machen, es sei denn, daß diese das freiwillig wollen. Sie geben zu, daß sie der Bevölkerung nicht die ganze Wahrheit in der Presse geschrieben, in den Nachrichten gesagt haben. Und dann das mit den Wahlen. Eingesehen haben sie, daß viele nur aus Angst um ihre Karriere oder aus Angst um die bevorstehende Westreise zur Wahl gegangen sind, daß die Wahlen oft manipuliert

waren und die Wahlergebnisse gerade in diesem Jahr nicht korrekt waren.
Doch gerade jetzt, wo so viele Menschen aus diesem Land DDR gegangen sind, haben sie gemerkt, daß es doch nicht so weiter geht. Sie wollen jetzt alles ganz anders machen. Vor allem sollen jetzt viel mehr die Menschen, die sich politisch engagieren wollen, ganz oben ihre Ideen und Meinungen einbringen dürfen. Es sollen jetzt viele Versammlungen gemacht werden, wo alle Fragen erlaubt sind, wo es auf jede Frage eine ehrliche Antwort gibt. Jedes Problem darf diskutiert werden. Und ab jetzt soll nicht nur geredet werden, sondern endlich was getan werden. Die Menschen, die sich artikulieren, demonstrieren wollen, können das jetzt offen tun. Keine Polizisten, Einsatzwagen, Stiefeltritte, Schlagstöcke, Hunde werden sie mehr daran hindern, das zu zeigen, was sie denken und fühlen. Die dadurch entstandene freie Zeit der Polizei und Staatssicherheit wird jetzt zur wirklichen Sicherheit genutzt.
Denn so werden wir von jetzt ab ohne Ängste durch alle Straßen und Parks auch nachts wieder gehen können. In der anderen dadurch entstandenen freien Zeit sollen sie dabei helfen, daß man in unseren alten Häusern wieder wohnen kann. Dadurch wäre es auch möglich, das Zuzugsverbot für viele Städte aufzuheben, und die freie Wahl des Wohnsitzes wäre in unserem Land wieder möglicher.
Aus den Gefängnissen sollen jetzt die Menschen auf der Stelle freigelassen werden, die wegen politischen Dingen verurteilt wurden. Es tue ihnen jetzt leid, daß die Kinder der alleinstehenden Mütter, die erst kürzlich verhaftet wurden, grundlos verhaftet, ohne ihre Mütter sein mußten. Von jetzt ab darf nie wieder zugeführt oder verhaftet werden wegen einer eigenen politischen Meinung.
Auch soll die Bevölkerung die ganze Wahrheit erfahren in Bezug auf die Umweltsituation in der DDR. Jeder darf erfahren, wie giftig die Luft ist, die wir atmen, das Wasser, das wir trinken.
Und bitten wollen wir jetzt, daß die Menschen versuchen, sich in ihren materiellen Bedürfnissen etwas einzuschränken, damit die Betriebe weniger produzieren müssen, weniger Gift die Luft und das Wasser belastet. Versprochen wird auch, daß

Filter und Kläranlagen ab jetzt immer benutzt werden. Der 7. Oktober soll dieses Jahr ein wirkliches Fest werden. Es werden noch viele Leute gesucht, die helfen, endlich die Mauer um unser Land abzureißen. Alle sollen sich dann in unserem Land frei bewegen können von einem Land in das andere. Niemand braucht jetzt mehr wegzugehen aus der DDR. Jeder darf reisen, wohin er will, und dabei immer wiederkommen. Ich habe noch immer die Zeitung in der Hand, bin bewegt, begeistert von dem, was ich lese. Endlich hat sich etwas geöffnet, endlich beginnen sich Hoffnungen, Hoffnungen über Jahre getragen, zu erfüllen. Ich denke noch nach über all das, was ich eben gelesen habe. Plötzlich klingelt es. Ich gehe zur Tür, öffne sie, niemand steht draußen. Doch es hört nicht auf zu klingeln, nicht eher, bis ich den Knopf meines Weckers gedrückt habe, der das Klingeln, das mich aus meinem Traum in meinen neuen Tag ruft, beendet. Ich merke erschrocken, daß mein Traum vorbei ist, aber ich weiß trotzdem noch ganz genau, wovon ich geträumt habe."

"Für meine Freundin Susann", geschrieben von der Theologiestudentin Gisela Merkel am 24. September 1989

## "Die Jugend nicht aus dem Land prügeln"

*21. September, Brief von W. und H.-J. Sievers*

An den Oberbürgermeister der Stadt Leipzig
Herrn Dr. Seidel

Sehr geehrter Herr Oberbürgermeister!

Mit großer Sorge beobachten wir, wie viele Menschen, unter ihnen besonders viele junge Menschen, unser Land verlassen wollen oder schon verlassen haben.

Wie viele andere besorgte Eltern auch erwarten wir Argumente, die jungen Menschen einleuchten, und mit denen sie bewogen werden hier zu bleiben.

Mit Betroffenheit sehen wir das immer aggressiver werdende Vorgehen der Sicherheitsorgane und der Polizei. Noch niemals jedoch haben Polizisten, Schlagstöcke und Polizeihunde Argumente ersetzen können.

Wir haben die dringende Bitte: Lassen Sie nicht zu, daß unsere

Jugend mit Macht aus dem Lande getrieben wird. Sorgen Sie dafür, daß Gewalt durch Gespräche und Überzeugung ersetzt wird.

Hochachtungsvoll
Wilma und Hans-Jürgen Sievers
Leipzig, 21. September 1989

## Die erste Demonstration

*Montag, 25. September*

Turnusmäßig hatte die "Arbeitsgruppe Menschenrechte" die Verantwortung für das Friedensgebet am 25. September. Dieser Tag war sonnig mit hochsommerlichen Temperaturen. In der Nikolaikirche war es drückend heiß. Schon einige Zeit vor Beginn des Gottesdienstes standen die Menschen so dicht, daß es fast unerträglich war. Viele fanden keinen Einlaß mehr und warteten vor der Kirche. Zahlreiche Menschen standen in den Nebenstraßen.

Für die Arbeitsgruppe Menschenrechte stand fest, daß nach den Einkesselungen und Festnahmen der vergangenen Montage die Frage der Gewalt und Gegengewalt brennender war denn je. Aus diesem Grunde griff das Friedensgebet dieses Thema auf.

Pfarrer Christoph Wonneberger, Gemeindepfarrer an der Lukaskirche und besonders engagiert in gesellschaftlichen Fragen, sagte dazu in seiner Predigt:

## Predigt von Pfr. Wonneberger

*Nikolaikirche, 25. September*

"'Mit Gewalt' sagte der Friseurgehilfe – das Rasiermesser an meiner Kehle – 'ist der Mensch nicht zu ändern!' Mein Kopfnicken beweist ihm das Gegenteil.

Mit Gewalt ist der Mensch durchaus zu ändern. Mit Gewalt läßt sich aus einem ganzen Menschen ein kaputter machen, aus einem freien ein Gefangener, aus einem lebendigen ein Toter. Beweise gibt es dafür viele.

Aber einen Versuch würde ich Ihnen nicht raten. Sie hätten mit einem Strafverfahren nach §129 des StGB wegen Nötigung zu rechnen, denn mit einer Freiheitsstrafe bis zu 2 Jahren wird bestraft, 'wer einen Menschen rechtswidrig mit Gewalt oder durch Drohung mit einem schweren Nachteil zu einem bestimmten Verhalten zwingt.'
Auch der Versuch ist strafbar, jedenfalls dann, wenn ein einzelner Bürger ihn unternimmt.
Anders, wenn der Staat selber den Tatbestand der Nötigung erfüllt. Wenn der Staat selbst Gewalt androht oder anwendet – oder Versuche in dieser Hinsicht anstellt – oder andere dazu auffordert, hat er nicht mit einem Strafverfahren zu rechnen, aber mit den Folgen:
Wer Gewalt übt, mit Gewalt droht und sie anwendet, wird selbst ein Opfer der Gewalt. Wer das Schwert nimmt, wird durchs Schwert umkommen.
Wer die Kalaschnikow nimmt, hat mit einem Kopfschuß zu rechnen. Wer eine Handgranate nimmt, kann gleich eine Armamputation einkalkulieren. Wer einen Bomber fliegt, erscheint im Fadenkreuz.
Wer einen Gummiknüppel schwingt, sollte auch einen Schutzhelm tragen.
Wer andere blendet, wird selbst blind.
Wer anderen willkürlich die Freiheit raubt, hat bald selbst keine Fluchtwege mehr.
Wer das Schwert nimmt, wird durch das Schwert umkommen.
Das ist für mich keine grundsätzliche Infragestellung staatlicher Gewalt. Ich bejahe das staatliche Gewaltmonopol. Ich sehe keine sinnvolle Alternative. Aber:

- Staatliche Gewalt muß effektiv kontrolliert werden – gerichtlich, parlamentarisch und durch uneingeschränkte Mittel der öffentlichen Meinungsbildung.
- Staatliche Gewalt muß sinnvoll begrenzt sein: Unser Land ist nicht so reich, daß es sich einen so gigantischen Sicherheitsapparat leisten kann.

'Die Verfassung eines Landes sollte so sein, daß sie die Verfassung des Bürgers nicht ruiniert' – so schrieb der polnische Satiriker Stanislaw Jerzy Lec vor 20 Jahren. Da müssen wir die Verfassung eben ändern. – Löst das Angst aus?

'Fürchtet euch nicht! Mir ist gegeben alle Gewalt im Himmel und auf Erden' – so sagte einst Jesus. Das war keine Drohung. Das ist keine Nötigung. Dahinter steht kein Machtapparat.
'Mir ist gegeben alle Gewalt . . .' das heißt innere Kraft und Gewißheit und äußere Glaubwürdigkeit und das heißt für mich: echte Kompetenz und Vollmacht
. . . und daran bekomme ich Anteil, wenn ich verantwortlich denke, glaubwürdig rede, durchschaubar handle.
Dazu lade ich Sie ein, *heute.*
Gegenüber solcher Vollmacht sind Stasiapparat, sind Hundertschaften, sind Hundestaffeln nur Papiertiger.
Also: Fürchtet euch nicht! Wir können auf Gewalt verzichten."

*Fürbittgebet vom 25. September*

In dem dazu formulierten Fürbittgebet hieß es:

"Selig sind die Sanftmütigen
sie werden das Erdreich besitzen.
Unselig sind, die auf Gewalt setzen,
sie werden einen Trümmerhaufen vererben.
Unselig sind, die die Gewalt anwenden,
sie werden sich und das Land ruinieren.
Unselig sind, die ihren Führungsanspruch mit Gewalt durchsetzen wollen,
das Land wird sie enterben.
Selig sind die Sanftmütigen,
sie werden das Erdreich besitzen.
Selig sind, die den Mut haben, der Gewalt sanft entgegenzutreten,
sie werden ein bewohnbares Stück Erde vererben.
Selig sind, die auf Gewalt verzichten, das Land wartet auf sie.
Selig sind die bewußt Gewaltlosen,
ihnen kann man das Land anvertrauen.
Selig sind die sanft Mutigen.
Sie werden das Land besitzen."

Stärker als sonst üblich wurde die Predigt von Beifall unterbrochen. Zum Schluß sang die ganze Gemeinde "We shall overcome", und ganz spontan stimmte die riesige Menschenmenge dieses Lied nach dem Segen noch einmal an, faßte sich bei den Händen und schwenkte sie erhoben im Takt. Ein Gefühl der Gemeinsamkeit und der Stärke breitete sich aus. Dieses Lied wurde noch einmal angestimmt, als man sich nach dem Gottesdienst den üblichen Absperrungen der Polizei gegenübersah. Vor den vielen Menschen wich an einer Stelle die Polizeikette zurück. Die Menge strömte durch eine kleine Nebenstraße auf die Fußgängerzone der Grimmaschen Straße. Durch die vor der Kirche und in den Nebenstraßen Wartenden schien ihre Zahl auf über Zehntausend angewachsen zu sein. Hie und da erklang die Internationale, und Rufe wie "Freiheit – Gleichheit – Brüderlichkeit" und "Neues Forum zulassen" wurden laut.

Nachdem es in den zurückliegenden Messezeiten Versuche gegeben hatte, von der Nikolaikirche zum Marktplatz zu gehen, setzte die Polizei alles daran, die Wege dorthin zu schützen. So schlugen die Menschen am 25. September den Weg in die andere Richtung ein - zum Karl-Marx-Platz. Da sie noch immer keine Polizei aufhielt, zog etwa die Hälfte von ihnen, ihre Zahl wurde auf drei- bis fünftausend Teilnehmer geschätzt, über die Leipziger Ringstraße weiter zum Bahnhof. Die Spitze des Zuges wollte an der kurz hinter dem Bahnhof liegenden Kreuzung in die Innenstadt abbiegen, doch die von ferne sichtbare Polizei in dieser Richtung bewirkte ein Beibehalten des bisherigen Kurses. Einer der Pfarrer der evangelisch-reformierten Gemeinde, der am Rande des Demonstrationszuges lief, eilte voraus und schloß die Tür seiner großen Kirche auf, um eine Fluchtmöglichkeit bei einem Polizeieinsatz zu schaffen. Doch unbehelligt zogen die Demonstranten an der offenen Kirchentür vorbei, durchquerten die später von den Fernsehgesellschaften so gern benutzte Fußgängerbrücke und gingen zum Bahnhof zurück, wo sich die Menschenmenge schnell auflöste. Es hatte keine Festnahmen, fast keine Gewalt gegeben. In Leipzig hielt man den Atem an. Was würde der nächste Montag bringen?
Die Worte von Pfarrer Wonneberger an diesem Tag sollten sich in beklemmender Weise als wahr erweisen. Eine Woche später wurden Gummiknüppel geschwungen und Helme aufgesetzt.

## “Es muß sich etwas verändern”

*Bundessynode in Eisenach, 15.–19. September*

Vom 15. bis 19. September 1989 tagte die Synode des Bundes der Evangelischen Kirchen in der DDR in Eisenach. In einem dort gefaßten Beschluß wurde unter anderem folgendes ausgedrückt:

“. . .Wir wollen mithelfen, daß Menschen auch in unserem Land gerne leben. Wir möchten sie dazu ermutigen.
So bitten wir sie, hier zu leben und einen Beitrag für eine gute gemeinsame Zukunft in unserem Land zu leisten. Wir können und dürfen aber nicht alle Probleme gleichzeitig lösen wollen.
Wir brauchen:

- ein allgemeines Problembewußtsein dafür, daß Reformen in unserem Land dringend notwendig sind;
- die offene und öffentliche Auseinandersetzung mit unseren gesellschaftlichen Problemen;
- jeden für die verantwortliche Mitarbeit in unserer Gesellschaft;
- Wahrhaftigkeit als Voraussetzung für eine Atmosphäre des Vertrauens;
- verantwortliche pluralistische Medienpolitik;
- demokratische Parteienvielfalt;
- Redefreiheit für alle Bürger;
- wirtschaftliche Reformen;
- verantwortlichen Umgang mit gesellschaftlichem und persönlichem Eigentum;
- Möglichkeit friedlicher Demonstration;
- ein Wahlverfahren, das die Auswahl zwischen Programmen und Personen ermöglicht.”

Zum Zeitpunkt dieses Beschlusses erschienen die Forderungen wie ferne Utopien. Den kirchlich beeinflußten Demonstranten in Leipzig halfen sie, ihre Wünsche und Forderungen konkret auszudrücken. Sie fanden weite Zustimmung. Als in den Tagen Ende September, Anfang Oktober innerkirchlich noch beraten wurde, ob den begonnenen Demonstrationen zugestimmt oder von ihnen abgeraten werden sollte, spielte die Berufung auf die hier geforderten friedlichen Demonstrationen eine große Rolle.

Mitte Oktober, als staatlicherseits der Dialog als Mittel zur Veränderung propagiert wurde, um die Demonstrationen zu beenden, hing im Schaukasten der evangelisch-reformierten Gemeinde ein Blatt mit den Forderungen der Synode und der dicken Überschrift: Dialog alleine reicht nicht aus – es muß sich auch etwas verändern!

## Angriffe gegen die Friedensgebete

*Leserbriefkampagne vom 29. und 30. September*

Am Freitag, den 29. September, verstärkte die "Leipziger Volkszeitung" ihren Angriff gegen die Friedensgebete. Unter der Überschrift "Wir wollen weiter in Ruhe und Geborgenheit leben" wurde eine Fülle von Leserzuschriften abgedruckt. Da schrieb Jens Hartig:

"Mit Bestürzung nahm ich bei meiner Rückkehr aus dem Urlaub die Mitteilung meiner Freunde entgegen, daß es im Leipziger Stadtzentrum zu 'Demonstrationen' antisozialistischer Gruppierungen kam. Es ist meiner Meinung nach an der Zeit, daß alle Glaubensrichtungen, Vereinigungen und Organisationen zu den Ereignissen unserer Tage, insbesondere in Leipzig, Farbe bekennen, damit nicht einige weiter im zwiespältigen Licht von Wort und Tat erscheinen. Selbst verurteile ich solche Aktionen, weil sie nichts vorwärtsbewegen. Den Genossen der Partei und des Ministeriums des Inneren gelten meine volle Unterstützung und mein Dank für die Wiederherstellung von Ruhe und Ordnung."

Lothar Vogel schrieb unter der Überschrift "Wir lassen uns nicht verunglimpfen":

"Was sich da nach dem sogenannten 'Friedensgebet' abspielte, war empörend. Das hatte antisozialistischen Charakter. Wer sich dort zusammenrottete, wollte dem Sozialismus in den Farben der DDR ans Leder. Gegen solche Tendenzen muß man, und da bin ich sicher mit der Mehrzahl unserer Bürger einer Meinung, mit aller gebotenen Härte zu Felde ziehen!"

Diese Kampagne setzte sich auch am nächsten Tag fort. So äußerten sich die Mitarbeiter des Industriekraftwerkes der Leipziger Wollkämmerei wie folgt:

“Durch unsere Presse wurden wir von den Vorfällen in der Leipziger Innenstadt informiert. Wir distanzieren uns davon und sind dafür, daß diese Unruhestifter mit aller Härte unserer Gesetze bestraft werden. Wir wollen in Ruhe und Frieden unserer Arbeit nachgehen und uns und unseren Kindern eine gesicherte Zukunft schaffen. Wir verstehen nicht, daß einige Vertreter der Kirche solche Aktionen zulassen, wo in unserem sozialistischen Staat jedem Bürger Glaubensfreiheit zugesichert ist. Glaubt man etwa, daß man durch solche Zusammenrottungen Ziele erreichen kann, die gegen unseren Staat und unsere Politik gerichtet sind? Wir sagen dazu ein klares Nein!”

Für diejenigen, die mit Zeitungsarbeit vertraut sind oder sich in diesen bewegten Tagen lediglich ihren gesunden Menschenverstand bewahrt hatten, mußte schon seltsam erscheinen, daß sich die auch in den weiteren Tagen abgedruckten Leserbriefe häufig auf Zeitungsberichte des Vortages bezogen. Der Briefschreiber mußte also unverzüglich nach der Lektüre der Zeitung - natürlich während der Arbeitszeit – seine Antwort formuliert und sie persönlich zur Redaktion gebracht haben, damit sie rechtzeitig am nächsten Tag erscheinen konnte. Es mutete schon sehr unwahrscheinlich an, daß sich die spontane Volksmeinung gerade auf diese Weise in dem üblichen Schreibstil dieser Zeitung äußern sollte.
Am gleichen Freitag (29. 9.) verurteilte das Leipziger Stadtgericht elf von den am 11. September zugeführten und verhafteten Personen wegen “Zusammenrottung” zu Gefängnisstrafen bis zu sechs Monaten. Am Dienstag darauf hieß es in der Ansprache bei der täglichen Fürbittandacht:

### “Zusammen-rottung”

*Fürbittandacht, Dienstag, 3. Oktober*

“In der DDR verrottet soviel. Die Häuser verrotten, die Industrieanlagen verrotten, die Menschen verrotten. Keinen kümmert das. Alles verrottet langsam vor sich hin. Aber es darf nur für sich allein verrotten, denn wenn es zusammen verrottet, ist es eine Zusammenrottung und kann laut Gesetz bestraft werden.”

## "Talarträger, die Aufruhr predigen"

*Tätigkeitsbericht des Oberbürgermeisters vom 29. September*

Am Freitag, den 29. September, sprach der Leipziger Oberbürgermeister Dr. Bernd Seidel vor der Stadtverordnetenversammlung. In seinem Tätigkeitsbericht ging er selbstverständlich auf die aktuellen Ereignisse ein. Er sprach von Talarträgern, die Aufruhr predigen. Zum ersten Mal stimmten Mandatsträger der CDU in diesem sonst wie überall in der DDR an Einstimmigkeit gewöhnten Gremium diesem Tätigkeitsbericht nicht zu oder enthielten sich der Stimme.

Einige Wochen später spielten diese Äußerungen in der Presse noch einmal eine Rolle. So fragte der Rechtsanwalt Dr. Knupp, Mandatsträger der SED, in einem offenen Brief an den Oberbürgermeister unter anderem:

"Wie war es möglich, daß die offiziellen Informationen von der Nikolaikirche und den Demonstrationen auf den Straßen der Stadt bewußt so an uns gegeben wurden, daß die ehrlich um Verbesserung bemühten Bürger verleumdet und verunglimpft werden konnten?"

## Uneinigkeit unter Leipzigs Pfarrern

*Ephoralkonferenz vom 29. September*

Für Freitag, den 29. September, hatte der Superintendent Richter die Pfarrer des Kirchenbezirkes Leipzig West zu einer der regelmäßig stattfindenden Ephoralkonferenzen eingeladen. Die umstrittene Nikolaikirche lag im anderen Kirchenbezirk, doch das Festhalten an den Friedensgebeten wurde von beiden Superintendenten gemeinsam in unzähligen Gesprächen der Stadt oder dem Bezirk gegenüber vertreten. In der Pfarrerschaft selber war die Entscheidung für ein gesellschaftliches Engagement der Kirchen keineswegs so eindeutig. Im Blick auf diese Frage schien der Pfarrkonvent gedrittelt. Ein Drittel erstrebte eine gesellschaftliche Veränderung und schien bereit, dafür auch auf die Straße zu gehen. Das zweite Drittel schien eine Veränderung zu erhoffen und sympathisierte mit den Friedensgebeten, schien aber den Beobachterstatus nicht aufgeben zu wollen. Das letzte Drittel lehnte es als nicht vereinbar mit den Aufgaben eines Pfarrers ab, sich gesell-

schaftspolitisch zu betätigen. “Es gibt doch in der Gemeinde soviel Not und soviele soziale Probleme” sagte eine junge Pastorin einer ländlichen Gemeinde am Rande der Stadt, “sollen wir unsere Zeit mit politischer Tätigkeit vergeuden?” Andere argumentierten ähnlich.
An Problemen mangelte es dem Kirchenbezirk wirklich nicht. Fünf große Stadtkirchen in diesem Bereich waren in ihrer Bausubstanz bedroht und es bestand Unsicherheit, wie und ob sie überhaupt erhalten werden konnten. Eine dieser Kirchen war gerade für zehn Jahre als Baustofflager an ein großes kirchliches Krankenhaus vermietet worden. Der starke Schrumpfungsprozeß der Gemeinden beschäftigte alle. Schätzungsweise waren nur noch 20 Prozent der Einwohner der Stadt Mitglied einer christlichen Kirche. Die sich unaufhörlich fortsetzende Flucht aus dem Land schwächte die Gemeinden zusätzlich.
Natürlich war aber die politische Entwicklung das Hauptthema der Beratungen. So war in der Propstei Erfurt beschlossen worden, dem “Neuen Forum” die Möglichkeit zu geben, kirchliche Räume zu benutzen, solange die Benutzung öffentlicher Räumlichkeiten vom Staat untersagt war. “Soll Leipzig diesem Beispiel folgen?” wurde in einem Brief gefragt. Eine Entscheidung wurde hinausgeschoben.

Sollte eine weitere Kirche – in Frage kommen konnte eigentlich nur die Thomaskirche – sich dem Friedensgebet öffnen, nachdem die Nikolaikirche am letzten Montag überfüllt war? Die Blicke richteten sich auf die Vertreter der Thomaskirche. Der Pfarramtsleiter war nicht anwesend. Von ihm, Pfarrer Ebeling, war bekannt, daß er dagegen war und sich auch geweigert hatte, Veranstaltungen kirchlicher Basisgruppen in den vergangenen Jahren in der Thomaskirche zu genehmigen. Auch an den zur Zeit laufenden täglichen Fürbittandachten für die Inhaftierten beteiligte sich die Thomaskirche nicht. Einige Monate später sprach die SPD im Wahlkampf dieses Thema an, als sie in einem offenen Brief dem inzwischen in die Politik gegangenen Hans-Wilhelm Ebeling vorwarf: “Sie selbst haben als Pfarrer der Thomaskirche lange genug die Tür Ihrer Kirche für die Friedensgebete verschlossen gehalten.” (Das stimmte

freilich im Blick auf die Friedensgebete selbst so nicht, denn auch die Thomaskirche öffnete sich bald.)
Eine Entscheidung über die Thomaskirche und die Öffnung zum Friedensgebet wurde diesmal vertagt. Heftig war die Diskussion bei der Frage, ob Christen demonstrieren sollen. Einer der Pfarrer votierte engagiert: "Die Kirche hat lange genug geschwiegen. Wenn die Kirche aber schweigt, geht es in den Abgrund. Die Kirche gehört auf die Straße."
Am genauesten traf wohl Pfarrer Weiß vom Predigerkolleg St. Pauli, dem Leipziger Predigerseminar, die Situation, als er sagte: "Jeder von uns möchte in diesen Tagen alles richtig machen und eine weiße Weste behalten. Genau dies aber wird uns nicht gelingen. Gleichgültig, welche Haltung wir einnehmen, unsere Weste wird nicht weiß bleiben können."

## Die Reformierte Kirche wird geöffnet

*Montag, 2. Oktober*

Am gleichen Vormittag, am Freitag, den 29. September, rief Superintendent Magirius vom Kirchenbezirk Leipzig Ost, gleichzeitig Pfarrer der Nikolaikirche, in der evangelisch-reformierten Gemeinde an und bat um die Bereitschaft zu einem zweiten Friedensgebet parallel zum Gottesdienst in der Nikolaikirche im Falle, daß die Kirche dort wieder wegen Überfüllung geschlossen werden sollte. Die Reformierte Kirche war eine der drei Innenstadtkirchen, wenn auch kleiner und als Baudenkmal nicht so bekannt wie die Thomas- und die Nikolaikirche.

Die Zustimmung für diese überraschende Anfrage wurde zwei Tage später kurz vor Beginn des Erntedankgottesdienstes gefällt, als sich alle erreichbaren Mitglieder des Konsistoriums, also der Gemeindeleitung, zu einer kurzen Besprechung zusammenfanden. Jeder der Gefragten wußte um die Tragweite der Entscheidung. Am nächsten Tag konnten auch vor dieser Kirche die Polizeiketten stehen. Würde es Unruhen nach dem Gottesdienst geben, könnten Menschen in ihrer Gesundheit gefährdet sein. Konnte man als Gemeindeleitung diese Verantwortung übernehmen? Hatte eine einzelne Gemeinde ohne die Einbettung in eine große Landeskirche die Kraft, das alles

durchzustehen? Nach der ständigen Forderung der staatlichen Stellen, die Friedensgebete abzusetzen, nach den Drohungen in der Presse konnte nicht mehr als Entschuldigung gelten, man würde an einem schon lange bestehenden Gottesdienst festhalten. Die Öffnung einer weiteren Kirche mußte als Kriegserklärung aufgefaßt werden.
Der Beschluß, die Kirche am Montag zu öffnen, wurde einstimmig gefaßt. Die Mitglieder der Gemeindeleitung, die bei der Abstimmung nicht dabei sein konnten, stellten sich voll hinter diese Entscheidung.

## Aufruf von Superintendent Richter zur Gewaltlosigkeit

*Samstag, 30. September*

"An die Pfarrämter des Kirchenbezirkes Leipzig-West
Im Nachgang zu unserer Ephoralkonferenz am 29. September 1989 hat mich der Vorbereitungskreis gebeten, folgende Empfehlung zu verfassen und Ihnen zur Kenntnis zu geben:
Wir bitten die Pfarrer und Pastorinnen darum, in verantwortlicher und geeigneter Weise darauf hinzuwirken, daß Gemeindeglieder, die die Absicht haben, am Montagsgebet in der Nikolaikirche teilzunehmen, alles in ihren Kräften Stehende tun, um alle Anzeichen von verbaler oder tatsächlicher Gewalt mit strikter Gewaltlosigkeit zu beantworten. Für uns Christen steht in dieser bewegten Zeit die Glaubwürdigkeit unserer Nachfolge auf dem Spiel.
In der Bergpredigt stehen diese Sätze: 'Ich aber sage euch: Liebet eure Feinde; segnet die euch fluchen, tut wohl denen, die euch hassen. Bittet für die, die euch beleidigen und verfolgen, auf daß ihr Kinder seid eures Vaters im Himmel.' Mat 5, 44-45
Mit brüderlichen Grüßen bin ich Ihr (gez.) Joh. Richter, Ev.-Luth. Superintendentur Leipzig West"

Leipzig, 30. September 1989

## Die zweite Demonstration

*Montag, 2. Oktober*

Eine offene Frage war, ob die Menschen, die montags am Nachmittag immer zahlreicher in die Innenstadt strömten – aus den Ausreisekandidaten waren längst die geworden, die vor

Ort die Gesellschaft verändern wollten, unter ihnen viele bewußte Christen aus der ganzen Stadt und den umliegenden Orten –, auch eine andere Kirche als die zum Symbol gewordene Nikolaikirche als Versammlungsort annehmen würden. Müßte nicht damit gerechnet werden, daß die, die keinen Platz mehr im Inneren der Kirche fanden, lieber davor warten als zu einer anderen Örtlichkeit gehen würden? Wurde wirklich der Gottesdienst gesucht, wie von vielen bezweifelt wurde, oder war die Auseinandersetzung, der mögliche Krawall der eigentliche Anziehungspunkt, wie vielfach behauptet?
Mit den Mitarbeitern der Nikolaikirche war verabredet, daß bei Überfüllung die Türen geschlossen und mit einem Schild versehen werden sollten: "Friedensgebet auch in der Reformierten Kirche". Ein Bote sollte über die Schließung informieren und eventuelle Besucher ankündigen. Dieser Bote kam gegen 16.35 Uhr in die Kirche am Tröndlinring. Mit ihm begann ein nicht abreißender Strom von Menschen. Gegen 17 Uhr war auch der letzte Stehplatz besetzt.
Die Predigt hatte kurzfristig Pater Bernhard, ein junger katholischer Pfarrer aus Leipzig-Grünau, übernommen. Wie selbstverständlich war diese Ökumene: Das in der lutherischen Kirche begonnene Friedensgebet wurde in der Reformierten Kirche von einem katholischen Pater gehalten.
Nach Schluß des Gottesdienstes leerte sich die Kirche sehr schnell. Fast alle Besucher liefen zur Nikolaikirche und weiter zum Karl-Marx-Platz. Eine halbe Stunde später waren sie wieder in der Nähe der Reformierten Kirche. 50 m von der Kirchentür entfernt versuchte Polizei, verstärkt durch Kampfgruppen, den Zug der 10–15000 Demonstranten aufzuhalten. Die Kirchentür stand zu dieser Zeit weit offen, um bei einer Eskalation Demonstranten und Uniformierten einen Schutzraum zu bieten.

## Bericht eines Gottesdienstbesuchers

*Reformierte Kirche, 2. Oktober*

Da der Gemeindepfarrer während des Gottesdienstes sagte, daß der Blumenstrauß auf dem Abendmahlstisch zur Nikolaikirche gebracht und dort zum Gedenken an die Inhaftierten

abgelegt werden soll, blieb ich nach Schluß noch etwas zurück, um den Strauß mitzunehmen. Andere aber waren schneller als ich. So stellten meine Frau und ich nur unsere Kerze in die Ecke der Nikolaikirche, wo schon so viele andere Kerzen standen. Überall in den Kirchenfenstern waren Blumen zu sehen. Sonst stand so kurz nach den Friedensgebeten der Platz immer noch voller Menschen, diesmal aber trafen wir kaum einen. Als wir jedoch weiter zum Karl-Marx-Platz und von dort aus zum Hauptbahnhof gingen – in der Goethestraße kamen wir an vielen Einsatzwagen der Polizei vorbei –, sahen wir vor dem Bahnhof eine riesige Menschenmenge, viel mehr als am Montag zuvor. Wir reihten uns in den Zug ein. Etwa 100 Meter vor der Fußgängerbrücke, in Sichtweite der Kirche, in der wir gerade gewesen waren, stockte die Bewegung der Menschen. Quer über die Straße stand eine Kette von Polizisten, mit den Armen ineinander verhakt. Hinter ihnen eine ebensolche Reihe mit Angehörigen der Kampfgruppe. "Keine Gewalt" riefen die Demonstranten und "Kein neues China". Andere riefen "Gorbi, Gorbi". Viele junge Leute setzten sich auf die Straße.
An der linken Seite, bei den Neubauten der Richard-Wagner-Straße, schien die Kette der Polizei nicht zu halten. Später hörten wir, daß dort mit Gummiknüppeln auf die Menschen eingeschlagen worden ist, und sahen einen mit einem dicken Striemen über dem Gesicht. Wir gingen an der anderen Seite durch eine Nebenstraße und eine Baustelle und gelangten so hinter die Absperrung. Dort konnten wir beobachten, wie ein Funkwagen der Polizei in bedrohlichem Tempo auf die Menschenmenge zufuhr, dann jedoch stoppte. Einige junge Männer begannen an dem Auto zu wippen. Der Einsatzwagen legte schnell den Rückwärtsgang ein. Bei einem anderen Funkwagen sahen wir eine zerbeulte Tür und eine abgerissene Zierleiste. Zu den teilweise älteren Kampfgruppenmitgliedern rief aus der Menge eine männliche Stimme: "Heinz, Heinz, nimm deine Leute weg." Hinter der Fußgängerbrücke formierte sich der Zug neu und zog weiter zu der "Runden Ecke", dem Gebäude des Staatssicherheitsdienstes. Lange Zeit riefen die Demonstranten dort Parolen, bis sich viele von ihnen zerstreuten. Einige gingen von dort aus weiter zur Thomaskirche und in die Innenstadt. Wir hörten später, daß es dort schlimme Schläge-

reien gegeben hat. Polizisten, andere sprachen von Sondergruppen des Sicherheitsdienstes, die zum ersten Mal mit Helm und Schild gesehen wurden, prügelten gekonnt auf die sich zerstreuenden Gruppen der Demonstranten ein. Teilweise wurden diese eingekesselt. Viele müssen schlimm verletzt worden sein.
Wir selber waren schon vorher nach Hause gegangen und waren froh, daß auch unsere beiden erwachsenen Söhne bald nach uns kamen. Auch sie waren unter den Demonstranten gewesen. Meine Frau sagte, ihr Mund wäre die ganze Zeit vor Angst ganz trocken gewesen.

## Aus dem Bericht eines Kampfgruppenmitglieds

*Montag, 2. Oktober*

"Ich bin seit 11 Jahren in der Kampfgruppe und erst in der letzten Zeit Gruppenführer. Da hat man 10 Mann unter sich. Wir haben unsere Aufgaben immer ernst genommen, haben auch weitergemacht, obwohl nach dem 7. 5. große Diskussionen um Wahlfälschungen losgingen. Und da haben wir uns bei der Parteileitung auch über die Medien beschwert: Wir wollten eine ordentliche Berichterstattung, keine Lobhudelei. Mehr nicht. Und auch nicht weniger. Wir haben schon bemerkt, was ab September hier los war. Am 25. 9. kamen ja zum erstenmal die Menschen aus dem Kirchhof – für den 2. 10. wurden noch mehr erwartet. Und um 13.00 Uhr gab's dann Alarm, d. h. wir hatten uns zu den Stützpunkten zu begeben und Uniformen in Empfang zu nehmen. Zwischen 15.00 und 15.30 Uhr kamen unser Kommandeur und zwei andere zu uns, erzählten uns von den Anfragen an Berlin. Zuerst erhielt die Bezirksleitung der SED die Antwort, das zu tun, was sie wolle. Später aber den Befehl, mit allen Mitteln gegen die Demonstranten vorzugehen. Dazu gehörten meiner Meinung nach auch Waffen. Unser Kampfgruppenkommandeur hatte sich geweigert, Waffen in Empfang zu nehmen – ebenso der Leiter der Bezirksbehörde der Volkspolizei. Da waren wir schon etwas erleichtert. Wir sollten Aufstellung nehmen am Schwanenteich, gegenüber vom 'Delikat'. In einer Reihe, im Abstand von drei Metern,

ohne Waffen, nur in Uniform. Wenn dann die Demonstranten kämen, würden sich wehrpflichtige Polizisten aus den VP-Kasernen vor uns stellen – wir wären dann zwar präsent, aber nicht mehr zu sehen. Das hat uns etwas stutzig gemacht. Unsere Aufgaben waren erstens, die Demonstranten nicht wieder in die Innenstadt hineinzulassen, damit sie dort die Markttage nicht stören könnten. Zweitens sollten wir sie nicht zum Hauptbahnhof kommen lassen, sondern zum Milchhof abdrängen. Wir paar Hanseln sollten das tun.
Uns wurde gesagt, daß da nur Chaoten kämen, und wir sollten die Bürger vor den Ausschreitungen chaotischer Leute und Gruppierungen schützen. Gegen 18.20 Uhr hörten wir es vom Karl-Marx-Platz her rumoren. Und es kam zwar eine Polizeistaffel – aber die rannten vorbei, und wir standen nun da, im Blickfeld, Aug' in Aug'. Mit wem? Ich habe keine Chaoten gesehen! Zugegeben, was sie mir zuriefen, war nicht eben schmeichelhaft, sondern eher richtig. Meine Gruppe fühlte sich ganz schön angeschmiert. Wir sind dann zurück in die Unterkunft und haben mitbekommen, daß es am 'Konsument' und an der Thomaskirche später zu Übergriffen kam. Dort waren auch Wasserwerfer, standen Einheiten mit Helmen und Schilden und Hundestaffeln. Die haben dann die Leute durch die Stadt gejagt. Darunter wohl auch viele, die gar nichts mit der Demonstration zu tun hatten, die eben nur auf der Straße waren.

Später haben wir gehört, daß wir die Leute durch unser bloßes Dastehen provozieren sollten, damit man dazwischengehen kann. Heinz Fröhlich, der 1. Sekretär der Stadtbezirksleitung der SED, soll am lautesten dafür gestimmt haben, daß wir uns dorthin stellen.
Als wir dann am nächsten Tag in der Zeitung lasen, daß wir die Stadt vor Rowdies und Chaoten geschützt hätten, haben wir in der Hundertschaft gesagt: Wenn noch einmal ein Befehl zum Ausrücken kommt, werden wir ihn verweigern. Wir wären nicht noch einmal rausgegangen.

Gerald Pilz
Staatlicher Leiter, Kampfgruppenmitglied"

Aus: "Jetzt oder nie — Demokratie! Leipziger Herbst '89", Forum-Verlag Leipzig

### "Ordnung und Sicherheit gestört"

*Die "Leipziger Volkszeitung" über den 2. Oktober*

"Am Montagabend (2. 10.) kam es in der Leipziger Innenstadt erneut zu einer ungesetzlichen Zusammenrottung größerer Personengruppen, die die öffentliche Ordnung und Sicherheit störten und den Straßenverkehr der Innenstadt beeinträchtigten.

Den Maßnahmen der Deutschen Volkspolizei zur Aufrechterhaltung der Ordnung und Sicherheit wurde aktiver Widerstand entgegengesetzt, Volkspolizisten angegriffen und Einsatzfahrzeuge beschädigt. Durch das besonnene und entsprechend der Lage konsequente Handeln der Deutschen Volkspolizei mit Unterstützung von Kampfgruppen der Arbeiterklasse wurde die Zusammenrottung aufgelöst und die Ordnung und Sicherheit wieder hergestellt. Der Einsatz von Hilfsmitteln der Deutschen Volkspolizei war unumgänglich. Es waren Zuführungen erforderlich. Die strafrechtlichen Konsequenzen werden geprüft."

Aus der Leipziger Volkszeitung vom 3. Oktober

Anfang Oktober erscheinen Artikel in der Zeitung, die nicht nur indirekt das Friedensgebet ansprechen, sondern direkt darüber berichten — in negativer Form wie in der Zeitung der FDJ "Junge Welt" und in vorsichtig positiv wertender Form in der Tageszeitung der CDU "Die Union".

"Die Junge Welt" berichtet dabei erst am 10. Oktober über das am 2. Oktober in der Nikolaikirche vom Stadtjugendpfarrer Kaden gehaltene Friedensgebet und über die Ereignisse danach:

### "Wer folgt denn dort wem?"

*FDJ-Zeitung "Junge Welt" über den 2. Oktober*

"Am Schwarzen Brett von St. Nikolai hängt eine Einladung, hiesige Journalisten mögen sich doch überzeugen, was tatsächlich dort in der und um die Kirche vor sich geht. Wir haben das getan.

Tritt man ein in die Nikolaikirche, findet der Besucher gleich rechts neben dem Eingang eine Ausstellung über das Leben von behinderten Menschen bei uns. Da werden Schwierigkeiten aufgezeigt, die sie haben, beispielsweise mit öffentlichen Verkehrsmitteln. Der nachdenklich gewordene Besucher sieht zwischen den Fotos die leuchtend rot einem ins Gesicht knallenden Worte: Bevormundung, Entmündigung, Erpreßbarkeit durch Abhängigkeit. Und geht weiter. Den Neugierigen nach, zu einem Schwarzen Brett. Dort hängt ein freundlicher Brief. Gerichtet an alle jungen Leute, die nun bald zur NVA einberufen werden. Wer den Wehrdienst verweigern wolle, wende sich bitte an Steffen Kühirt. Adresse folgt. Vier weitere dazu. Wohlgemerkt: Hier geht es nicht um die Beratung, wie christliche Bürger als Bausoldaten an Schwerpunkten der Volkswirtschaft mithelfen können, sondern um einen Aufruf, sich gegen unsere Verfassung zu stellen. An jenem Brett findet man auch 'die Wahrheit über die Ereignisse in China'. In einem Brief an die örtlichen Behörden zu der 'friedlichen Demonstration' in Leipzig am 18. September wird mitgeteilt, man habe die Beobachtung gemacht, jene Demonstranten seien nicht mit den Gottesdienstbesuchern identisch gewesen. Nun, an diesem 2. Oktober haben wir ganz andere Beobachtungen gemacht. Weiter heißt es in dem Schreiben, die Rufe 'Die Mauer muß weg!' habe man überhaupt nicht gehört. Aber wir hörten sie. In der Predigt beispielsweise. Von Jugend- und Studentenpfarrer Kaden nur spärlich verpackt. ('Es soll ja noch welche geben, die die Mauer als Wohltat für die Menschen hinstellen.') In der Predigt werden den 'Schlüsselverwaltern der geschlossenen Gesellschaft' die Leviten gelesen. Die Worte 'Zorn' und 'Haß' fielen in bezug auf die DDR. Von 'überkommenen Machtstrukturen' ist die Rede. Jahrzehntelang habe man auf 'Freiheit gewartet', vieles 'geduldet'. Doch damit 'ist jetzt Schluß'. Wer da weiß, Gutes zu tun und tut es nicht, ist ebenso ein Kandidat für den letzten Platz in der Hölle wie der, der wegsieht, wenn Polizei eingreift und die, die nichts Böses getan haben, zu Verbrechern stempelt.

So wird die Stimmung angeheizt. Draußen proben diejenigen, die in der Kirche keinen Platz mehr fanden, Pfeifkonzerte und Sprechchöre.

Was nützt es da, daß Pfarrer Kaden kundtut, Demonstrationen halte er bei den 'derzeitigen Machtverhältnissen gegenwärtig

nicht für sinnvoll'. Der Beifall an dieser Stelle ist spärlich - so was will man nun doch nicht hören. Aber war es überhaupt ernst gemeint?
Der Segen, der nun gesprochen wird, soll allen denen Mut geben, die aufrecht gehen und sich wehren wollen.
Die Menge drängt zum Ausgang. Kein Wort, man möge sich ruhig verhalten, vielleicht sogar nach Hause gehen (angeblich habe man aber gerade das bei vorangegangenen Veranstaltungen immer wieder gesagt).
Dann wird marschiert. Geschrieen. Diejenigen, die eben noch für Umweltschutz plädierten, zertrampeln Leipzigs Grün. Wie der Stier aufs rote Tuch wird immer die Richtung anvisiert, in der noch Polizisten stehen, die versuchen zu ermöglichen, daß Straßenbahnen und Autos fahren können. Ein Genosse der Kampfgruppe fragt leise, besorgt: 'Wie werden meine Kinder bloß von der Sportschule nach Hause finden?'
Etwa sechs junge Leute gehen eingehakt vornweg. Ein Mädel und ein Junge mit Fahrrädern folgen. Ein junger Kerl dirigiert die Menge mit 'langsamer' oder 'schneller'. Wieder werden Sprechchöre angezettelt. Ein junger Mann im blauen Pullover mit Rucksack, an dem ein Riesen-Mercedes-Stern baumelt, gibt den Rhythmus vor. Nur einmal hat man den Eindruck, hier gehe es friedlich zu – als man die Aufforderung der Rädelsführer befolgte, sich auf die Straße zu setzen. Nur dauerte das eben bloß Sekunden. Rufe 'Weg mit den Kommunisten!' sind nicht zu hören. Statt dessen trampelt man sie nieder – unter dem Gesang der Internationale fliegen grüne Schirmmützen über den Asphalt. Unsere Genossen müssen sich übel beschimpfen lassen. Für Tritte und Faustschläge, die sie selber einstecken mußten.
Verletzte Demonstranten bleiben liegen. Von den eigenen Leuten an die Polizeikette und an Wände gedrängt und schließlich über den Haufen getrampelt. Einer wird von der Schnellen Medizinischen Hilfe abgeholt. Er trägt eine Prothese, die nun hinüber ist. (Wir erinnern uns – man muß sich stärker um Behinderte kümmern!) Immer weiter wird provoziert. Ein Mann in Lederjacke, kurzes Haar und Nickelbrille, schreit und rempelt noch Polizisten an. Offensichtlich legen es einige darauf an, daß die Polizei reagiert. Mit westmedienwirksamen

Verhaftungen beispielsweise. Dadurch soll für das eigene Tun Verständnis bei den Schaulustigen geweckt werden. Und wieder die Rufe 'Schließt euch an!'
Angehörige der Volkspolizei werden immer weiter von der Menge getrieben. Die Genossen müssen sich wieder und wieder neu und immer weiter hinten formieren.
Ja, so ist es gewesen. Auch wenn die Westjournaille, wie in solchen Fällen üblich, Täter zu Opfern macht. Wer trägt Schuld, wer Verantwortung? So hatte man in der Kirche gefragt."

"Wer folgt denn dort wem?" Der 2. Oktober in Leipzig – Augenzeugenbericht von Achim Schöbel und Andreas Kurtz in: "Junge Welt", 10. Oktober 1989.

## Ermutigung zum Dialog

*"Die Union" über den 2. Oktober*

Die Tageszeitung der CDU "Die Union" dagegen schreibt bei aller damals noch notwendigen Vorsicht, um nicht ein Verbot der Zeitung zu riskieren, am 4. Oktober deutlich positiv von den Friedensgebeten. Unter der Überschrift "Zum Dialog über alle uns bewegenden Fragen ermutigen" heißt es:

"Mit Besorgnis wurden wir an den vergangenen Montagabenden Zeuge davon, welchen politischen Stellenwert und welches Ausmaß die Friedensgebete in der Nikolaikirche und die Ereignisse danach angenommen haben. Die christlichen Demokraten können deshalb zu dieser Entwicklung nicht schweigen, weil sie als Bündnispartner im Mehrparteiensystem unseres Landes unter dem Anspruch stehen, Anliegen, Interessen und Ideen von Christen in der Politik zu vertreten.
Das Verhältnis zwischen Staat und Kirche in unserer Stadt ist belastet. Wir können angesichts der angespannten Situation und ihrer Emotionalisierung in diesem Beitrag keine fertigen Lösungsrezepte geben. Wir möchten aber zur Besonnenheit mahnen, zum gesamtgesellschaftlichen Dialog über alle uns bewegenden Fragen ermutigen und darum bitten, zueinander wieder Vertrauen zu wagen. Wir möchten vermitteln helfen und Denkanstöße geben um des inneren Friedens und einer tragfähigen, dauerhaften Lösung willen.

Die Christengemeinde muß immer wieder die Frage nach dem evangeliumsgemäßen Auftrag der Kirche bedenken. Sie wird ihr Zeugnis und ihren Dienst in der sozialistischen Gesellschaft in der DDR in der 'dialektischen Einheit von klarer Trennung zwischen Staat und Kirche und deutlicher gesellschaftlicher Mitverantwortung' (Neue Zeit 25.7.1989, S. 2) zu bewähren haben. Die Nikolaikirche kann freilich all denen nicht die Tür verschließen, die zu ihr kommen, wenn sie dem Auftrag ihres Herrn Jesus Christus nicht untreu werden will. Sie ist offen auch für diejenigen, die die Erfahrung gemacht haben, daß negative Erscheinungen in unserer Gesellschaft in den zuständigen Gremien oder Büros nicht zur Sprache gekommen sind . . ."

CDU-Organ "Die Union" vom 4. Oktober 1989

## Droht ein neues China?

*Leipzig, vor dem 9. Oktober*

Am Dienstag, den 3. Oktober, trafen sich die vier leitenden Vertreter der christlichen Kirchen Leipzigs, der Superintendent Magirius, der katholische Propst Hanisch und Pfarrer Sievers von der evangelisch-reformierten Kirche, kurzfristig verabredet im Arbeitszimmer bei Superintendent Richter im Haus an der Thomaskirche.

Seit dem vergangenen Abend war unübersehbar, daß vor den Kirchen Leipzigs eine besondere Herausforderung lag. In diesen brisanten und für die Zukunft des Landes entscheidenden Tagen versuchten nicht die Kirchen, die Einwohner der Stadt zu den Gottesdiensten einzuladen, sondern diese versuchten im Gegenteil, in die Gottesdienste zu gelangen. Übereinstimmung herrschte in der Bewertung, daß nicht allein die Suche nach Informationen und erst recht nicht nur Opposition die Menschen bewegte, sondern eine echte Suche nach klaren Aussagen und Hilfen in den Wochen, da auf der einen Seite die Menschen in Scharen das Land verließen, auf der anderen Seite die Regierung in bedrückender Weise schwieg und die Drohgebärden der Sicherheitskräfte immer größer wurden bei ständigem Verfall der staatlichen Autorität.

Die Menschen erwarteten von der Kirche ein Zeichen und waren bereit, diesem Zeichen und dem Ruf der Kirchen zu folgen. Übereinstimmung herrschte ebenfalls in der Ansicht, daß ein Absetzen der Friedensgebete ein unkalkulierbares Risiko wäre. Aus Leipzig und der Umgebung würden trotzdem Tausende in die Innenstadt strömen, Krawalle, Gewalt waren auf diese Weise vorprogrammiert. Die einzige Möglichkeit, die Schritte in Richtung einer friedlichen Entwicklung zu lenken, war die Öffnung weiterer Kirchen, um die Menschen nicht auf der Straße zu lassen. “Es ist eine diakonische Aufgabe, die wir jetzt tun müssen” sagte Superintendent Richter und versprach, sich für die Öffnung der Thomaskirche einzusetzen.
Einig waren sich die vier Pfarrer auch in der Einschätzung, daß in einem Jahr, vielleicht schon in einem halben, die Friedensgebete sich wieder auf eine Kirche konzentrieren würden. In diesem Moment aber mußte alles getan werden, daß sich die Menschen auch unter Gottes Wort stellen konnten und vom Gebet um Frieden erfaßt wurden.
Die gleiche Einigkeit herrschte nicht bei der Einschätzung der zu erwartenden Demonstrationen. Sollte dazu aufgerufen oder von Seiten der Kirche besser davon abgeraten werden? Zwei in dieser kleinen Runde schienen Demonstrationen als legitimes Mittel anzusehen, um gesellschaftliche Veränderungen zu erreichen, die anderen beiden wollten offensichtlich davon abraten. Übereinstimmung herrschte jedoch in der Absicht, unbedingt bei jeder Gelegenheit zu allergrößter Friedfertigkeit zu mahnen.
Jeder wußte, daß eine Eskalation der Gewalt drohte. Überall in Leipzig rechnete man nach den Erfahrungen der letzten Tage mit einem massiven Eingreifen der Sicherheitskräfte am 9. Oktober. Die meisten rechneten mit einer Entscheidung an diesem Tag. Entweder konnten die Polizei- und Sicherheitskräfte ihre Autorität wieder herstellen oder der gesellschaftliche Umbruch war nicht mehr aufzuhalten. Alle vier waren sich ihrer Mitverantwortung für diese Entwicklung bewußt. Es konnte Verletzte, vielleicht sogar Tote geben. Das chinesische Beispiel stand jedem vor Augen. Es war eine Gratwanderung, aber dieser Weg mußte gegangen werden.
Knapp drei Monate später, in der Zeit der blutigen Unruhen in

Rumänien, hing über dem Haupteingang der Thomaskirche ein großes Spruchband mit der Inschrift "Bewahrung verpflichtet – betet für Rumänien" und erinnerte noch einmal an die Gefahr der ersten Oktobertage.
Die regelmäßigen Treffen der verantwortlichen kirchlichen Amtsträger wurden wochenlang jeden Dienstagmorgen um 9 Uhr fortgesetzt und begleiteten die verschiedenen Etappen der Revolution. Stets herrschte eine beglückende Übereinstimmung unter den Vertretern der verschiedenen Kirchen im Engagement um eine friedliche Veränderung. Beim katholischen Vertreter war nichts zu spüren von der im Blick auf diese Tage seiner Kirche oftmals vorgeworfenen Zurückhaltung. Die katholische, in der Innenstadt gelegene Propsteikirche gehörte bald auch zu den jeden Montag geöffneten Kirchen.
Anfang Oktober begann für die Leipziger Kirchen eine historische Epoche. Nicht die Revolution an sich, wohl aber der friedliche Verlauf dieser Revolution ist ein Ergebnis dieser Friedensgebete, zu denen schließlich in sieben Kirchen eingeladen wurde. Diese Aufgabe hatten sich die Gemeinden, die Pfarrer nicht gesucht, aber sie haben sich der Herausforderung tapfer gestellt. Sein großes Verwundern hat der Schreiber dieser Zeilen in seinen Berichten über diese Tage oftmals mit den Worten ausgedrückt: "Was hat sich unser Herrgott wohl dabei gedacht, daß er gerade die klein und kleingläubig gewordenen Gemeinden unseres Landes ausgesucht hat, um sie an die Spitze der Bewegung zur gesellschaftlichen Erneuerung zu stellen? Wenn er es aber so wollte, dann wollen wir uns dieser Aufgabe nicht entziehen."
Es begann in Leipzig und von da aus bald überall in den Städten und Orten des Landes eine Zeit der politischen Predigt, einer aktuellen Auslegung der Heiligen Schrift, die oftmals eine prophetische Dimension hatte, die Menschen führte, zum Handeln beflügelte und das Land veränderte. Dem Beispiel Leipzigs folgend wurde der Montag für weite Gebiete der Tag der "Gebete für das Land", wie diese Gottesdienste auch genannt wurden.
In Leipzig gab es hinter den Kulissen freilich noch ein hartes Ringen um die Öffnung der Thomaskirche, die der Pfarramtsleiter verhindern wollte. Am 10. März 1990, eine Woche vor der

Wahl, wurde in einem Beitrag der Wochenzeitung "Die Kirche" ein Artikel veröffentlicht, der einige Hintergründe deutlich werden läßt. Der Verfasser, Gerald Richter, ist nicht mit dem Superintendenten an der Thomaskirche identisch. Die Überschrift über dem Zeitungsartikel hieß ursprünglich "Pfarrer Ebeling – ein Mann der Wende?" und war von der Zeitungsredaktion geändert worden. Pfarrer Ebeling war im Februar aus dem kirchlichen Dienst ausgeschieden und in die Politik gegangen.

## St. Thomas in den Oktobertagen

*Hintergrundbericht vom März 1990*

Hans-Wilhelm Ebeling, der als DSU-Vorsitzender mit markigen Parolen zu Wohlstand, Freiheit und Wiedervereinigung weitab von sozialistischem Gedankengut auftritt, galt noch kurz vor den Ereignissen des vergangenen Herbstes als ein Musterbeispiel für die Kooperation in staatlichen, parteigelenkten Machtstrukturen. Im September 1989 wurde er von der Abteilung für Innere Angelegenheiten beim Rat der Stadt Leipzig anderen Pfarrern als Vorbild für eine konstruktive Zusammenarbeit vorgeführt.

Als Vorsitzender des Kirchenvorstandes und Pfarramtsleiter der Thomaskirche, damit hauptverantwortlich für die dortigen Veranstaltungen, weigerte sich Ebeling strikt, diese Kirche Friedensgruppen zur Verfügung zu stellen oder sie zur Entlastung der Nikolaikirche für das Friedensgebet zu öffnen. Nachdem am 2. Oktober 1989 die Nikolaikirche wiederum wegen Überfüllung geschlossen werden mußte, auch die Kapazität der Reformierten Kirche nicht ausreichte, richtete der Kirchenvorstand der Nikolaikirche einen dringenden Hilferuf an St. Thomas. Inständig baten außerdem 16 Vikare eines Lehrgangs am Predigerkolleg um Öffnung der Thomaskirche, um den unzähligen Menschen in der brisanten politischen Lage den Schutz der Kirche zu geben. Bei zwei anschließenden Gesprächen mit Pfarrer Führer (Nikolaikirche) zeigte sich Ebeling äußerst zurückhaltend und sehr zögerlich.

Der Pfarrertag am 5. Oktober 1989 ließ den Wunsch der überwiegenden Mehrheit der Leipziger Pfarrerschaft erkennen, die

Friedensgebete unbedingt fortzusetzen. Ebeling gab auf dieser Zusammenkunft die Bedingungen zur Kenntnis, die für eine Öffnung der Thomaskirche zu erfüllen seien. Alle Leipziger Kirchen sollten geöffnet werden. Landesbischof Dr. Hempel müßte in der Thomaskirche predigen, und es könne sich nur um einen Abendmahlsgottesdienst handeln, obwohl zu erwarten war, daß unter den Besuchern Christen in der Minderheit sein würden. Diese als Verweigerung anzusehenden Forderungen riefen starken Protest hervor. Selbst Bischof Dr. Hempel gab zu erkennen, daß er kraft seines Amtes die Thomaskirche für das monatliche Friedensgebet öffnen lassen könne. Wohl erst die dramatische Zuspitzung der politischen Lage veranlaßte den Kirchenvorstand von St. Thomas, Zustimmung zur aktiven Mitarbeit ihrer Kirche zu geben.

Gerald Richter

"Die Kirche", 10. März 1990

## Androhung von Waffengewalt

*"Leserzuschrift" vom 6. Oktober*

Unverhohlen gedroht wurde den Leipzigern in einer (wahrscheinlich bestellten oder von Redakteuren der Leipziger Volkszeitung geschriebenen) Zuschrift am Freitag, den 6. Oktober. Später betonten Demonstranten häufig, daß sie gerade aus Wut über solche Drohungen auf die Straße gegangen sind. Der immer wieder gehörte Ruf "Wir sind keine Rowdies" richtete sich gegen die hier ausgesprochene Klassifizierung. Jeder, der geübt war, die Zeitungen der DDR zu lesen, konnte erkennen, daß ein bewaffneter Einsatz von Seiten der Staatsführung geplant war:

"Die Angehörigen der Kampfgruppenhundertschaft 'Hans Geiffert' verurteilen, was gewissenlose Elemente seit einiger Zeit in der Stadt Leipzig veranstalten. Wir sind dafür, daß die Bürger christlichen Glaubens in der Nikolaikirche ihre Andacht und ihr Gebet verrichten. Das garantiert ihnen unsere Verfassung und die Staatsmacht unserer sozialistischen DDR. Wir sind dagegen, daß diese kirchliche Veranstaltung mißbraucht wird, um staatsfeindliche Provokationen gegen die

DDR durchzuführen. Wir fühlen uns belästigt, wenn wir nach getaner Arbeit mit diesen Dingen konfrontiert werden. Deshalb erwarten wir, daß alles getan wird, um die öffentliche Ordnung und Sicherheit zu gewährleisten, um die in 40 Jahren harter Arbeit geschaffenen Werte und Errungenschaften des Sozialismus in der DDR zu schützen, und daß unser Aufbauwerk zielstrebig und planmäßig zum Wohle aller Bürger fortgesetzt wird. Wir sind bereit und willens, das von uns mit unserer Hände Arbeit Geschaffene wirksam zu schützen, um diese konterrevolutionären Aktionen endgültig und wirksam zu unterbinden.
Wenn es sein muß, mit der Waffe in der Hand!
Wir sprechen diesen Elementen das Recht ab, für ihre Zwecke Lieder und Losungen der Arbeiterklasse zu nutzen. Letztlich versuchen sie damit nur, ihre wahren Ziele zu verbergen.

Kommandeur Günter Lutz
im Auftrag der Kampfgruppenhundertschaft
'Hans Geiffert'"

"Werktätige des Bezirkes fordern: Staatsfeindlichkeit nicht länger dulden" in: Leipziger Volkszeitung, 6. Oktober 1989

## Polizistentränen zum Gründungstag der DDR

*Leipzig, 7. Oktober*

Es war ein seltsamer Geburtstag, der 40. und letzte der Deutschen Demokratischen Republik. In Berlin feierten die Mitglieder der Partei- und Staatsführung die letzten Tage ihrer Macht in einem abgeschirmten Raum. Außerhalb dieses Bereiches jagte die Polizei junge Demonstranten mit Gummiknüppeln, Hunden und großer Brutalität. Fernsehbilder, heimlich aufgenommen, von Polizisten, die auf ein auf der Erde liegendes wehrlos schreiendes junges Mädchen einprügeln, gingen um die ganze Welt.
Der Staat, der immer und immer wieder so volltönend vom Frieden gesprochen hatte, schien im Blick auf die eigenen Bürger nur die Sprache der Gewalt zu kennen.
In Leipzig war am 7. Oktober seit Mittag die Nikolaikirche, wahrscheinlich um Ansammlungen auf dem Kirchplatz zu verhindern, von Polizisten weiträumig abgesperrt. An einer

Stelle standen lauter ganz junge Wehrpflichtige. Passanten hatten ihnen Kerzen in die Hände oder Blumen an die Schilde gesteckt. Einem der jungen Männer liefen die ganze Zeit aus Scham über seine Situation die Tränen über das Gesicht. Am Abend fuhren Wasserwerfer über den Stadtring. Mit Helm und Schild geschützte Polizei verfolgte die kleinen, unorganisiert auftretenden Gruppen von Demonstranten und jagte sie durch die Straßen. Ein Pferdestall in Markkleeberg, einer an Leipzig grenzenden Gemeinde, diente als Gefängnis für die vielen, die vorübergehend festgenommen wurden. Besonders brutal waren die Auseinandersetzungen in Dresden. Wenige Tage später wurde der Brief eines in Dresden eingesetzten Bereitschaftspolizisten an seinen Seelsorger bekannt:

### Brief eines Polizisten an seinen Seelsorger

*Der 4. und 5. Oktober in Dresden*

"Aufgrund der Ereignisse der letzten Tage hier in Dresden möchte ich Dir schreiben.

Ich stehe ja nun wegen meiner Inkonsequenz vor der Einberufung als Christ auf der anderen Seite. Glaube mir, daß sich die Sache so entwickelt, wollte niemand von uns Wehrpflichtigen. Wir sind nur leider die, die den Kopf hinhalten müssen. Für uns gibt es nur zwei Möglichkeiten, entweder die Befehle ausführen, oder für lange, sehr lange Zeit nach Schwedt ins Militärgefängnis zu gehen. Am Mittwoch und am Donnerstag war die Situation noch eine ganz andere. Dort standen uns Leute gegenüber, die die Polizei mit Steinen, Brandflaschen und Säureflaschen bewarfen. Unser Zug war am Mittwoch mit dabei, als der Hauptbahnhof belagert wurde, und am Donnerstag auf der Prager Straße. Uns holte man erst relativ spät und stellte uns zuerst dorthin, wo es am gefährlichsten war. Wir hatten nur Angst. Auf unsere Schilde prasselten Steine, vor uns schlugen Brand- und Säureflaschen auf den Asphalt. Zwei Mann von uns kippten um. Steine hatten ihre Visiere durchschlagen.

Danach wurden wir aus der ersten Reihe herausgenommen und mußten unsere Schilde ablegen. Dann wurden wir zu Fünfergruppen aufgeteilt und wurden in die Massen reingejagt,

um die Steinewerfer herauszuholen. Unsere Offiziere, die Schutzpolizei und die Stasi blieben in sicherem Abstand hinter der Sperrkette. In diesen Minuten hatte ich das erste und bis jetzt das einzige Mal in meinem Leben das Gefühl von Todesangst. Vor uns die wütende Menschenmasse und hinter uns Offiziere, Stasi und in der Kaserne der Militärstaatsanwalt. Das, was wir dort drinnen (in der Menschenmenge) gemacht haben, taten wir aus Angst und einfach aus Überlebenswillen. Was sich aber in den letzten Tagen, und auch sonst schon seit den ersten von bestimmten Gruppen der Schutz- und Sicherheitsorgane praktiziert, abspielt, ist für jeden noch normal denkenden Menschen abstoßend und erschütternd. So werden unbeteiligte Zuschauer und gewaltlos demonstrierende Menschen von 'Leuten' des Strafvollzuges in der Kaserne genauso 'empfangen' wie die Leute, die mit Brandflaschen geworfen haben. Besonders erschütternd ist, wie von diesen 'Leuten' (es können keine Menschen mehr sein) Frauen, Mädchen und ältere Menschen geschlagen werden. Nicht nur bei mir schwindet langsam im Angesicht solcher Aktionen die Angst vor dem Staatsanwalt. Das ist auch der Grund, warum ich Dir diesen Brief schreibe. Ich bitte Dich bloß um eins: Bete für mich und vergib mir, wenn Du kannst.
Verlies diesen Brief bitte in der jungen Gemeinde und zeige ihn jedem, der wissen möchte, wie es in uns Wehrpflichtigen aussieht, die zu solchen, eines sozialistischen Staates unwürdigen Aktionen gezwungen werden."

Dieser Brief eines Bereitschaftspolizisten an seinen Seelsorger wurde um den 10. Oktober geschrieben.

## Das "Wunder von Leipzig"

*Montag, 9. Oktober*

Am Montag, den 9. Oktober, trafen sich um 10 Uhr über 200 Studenten der Sektion Theologie der Karl-Marx-Universität und des Theologischen Seminars mit einigen Dozenten zu einem Abendmahlsgottesdienst in der zentral gelegenen Reformierten Kirche. Es war feierlich und ergreifend, wie die jungen Menschen diese Feier gestalteten, und wohl die legitimste Weise, diesen historischen Tag zu beginnen. Während des Gottesdienstes wurde aufgefordert, Kerzen anzuzünden und dabei Gebetsanliegen zu nennen. Bald war der bereitgestellte Tisch bedeckt mit brennenden Kerzen. Viele Gebete drückten die Hoffnung um einen friedlichen Verlauf des Tages aus.

Um 14 Uhr trafen sich die beiden Superintendenten mit den Vertretern der katholischen und reformierten Kirche im Arbeitszimmer bei Superintendent Magirius zu einer letzten Absprache. Seit dem frühen Morgen war die Stadt voller Gerüchte und voller Angst. Militärfahrzeuge hatten am Stadtrand Aufstellung genommen. In den Hof der Deutschen Bücherei fuhren Mannschaftswagen der Polizei, in den Betrieben und Schulen wurde ständig gemahnt, ab spätem Nachmittag das Stadtzentrum zu meiden. Die Geschäfte wurden angewiesen, ab 17 Uhr zu schließen. Die Krankenhäuser räumten Betten, Blutplasma stand bereit, die Ärzte hatten erhöhte Bereitschaft und waren aufgefordert, sich auf Schußverletzungen einzustellen. Scharfe Munition soll ausgegeben worden sein.

Als Propst Hanisch nach dieser Besprechung nach Hause ging, wurde er auf der Straße von einer Frau angesprochen: "Sie sind doch Pfarrer. Ich sitze am Fernschreiber. Ich darf nichts sagen, aber ich kenne die Meldungen, die den ganzen Tag kommen. Es wird ganz schrecklich. Tun Sie alles, damit Frauen und Kinder aus dem Stadtzentrum ferngehalten werden."

Bei der erwähnten Besprechung der vier Geistlichen wurde darüber informiert, daß Landesbischof Hempel von Dresden nach Leipzig unterwegs war zu einem Gespräch mit Vertretern des Rates des Bezirkes. Über das Ergebnis sollte in jeder Kirche informiert und dafür ein Telefondienst eingerichtet werden. Noch einmal wurde ermahnt, zu größter Friedfertigkeit aufzurufen.

Zur gleichen Zeit war die Nikolaikirche schon teilweise gefüllt. Später wurde bekannt, daß Parteimitglieder zum Gottesdienstbesuch abgeordnet waren. Sollten sie ihn kennenlernen, wie sie selber behaupteten? Sollten sie ihn stören? Sollten sie ein Gegengewicht zu den Demonstranten bilden?

In dem schon erwähnten im Forum-Verlag Leipzig erschienenen Buch "Jetzt oder nie – Demokratie! Leipziger Herbst '89" ist folgender Bericht eines SED-Mitgliedes abgedruckt:

## Bericht eines SED-Mitglieds

### *Der 9. Oktober in Leipzig*

“Ich wurde am 9. Oktober morgens von einer Bekannten angerufen. Die Partei ‘mobilisiere ihre Kräfte’. Es werde wohl jetzt sehr ernst, und ich solle mich am besten bei meiner Parteileitung melden. Ich wußte nicht, was ich davon halten sollte. Was geschah da? Wo waren die Ideale hingekommen, um derentwillen ich in die Partei eingetreten bin? Waren wir nicht angetreten, eine Gesellschaft zu errichten, in der ausbeutungsfrei keiner des andern Feind mehr zu sein braucht, in der Gemeinsamkeit, Solidarität, Freundlichkeit zählen, in der sich Menschen wohl fühlen sollten? Und da erlebte ich nun besonders in den letzten Monaten diese militante, schlimme Ausgrenzung von Leuten und diese unsagbar ignorante Haltung der Parteiführung, die inmitten all der Zerrissenheit unseres Landes sich noch rauschende Feste vorgaukeln ließ. Bestellte Claqueure standen hoch im Kurs.

Mahner und Kritiker dagegen nicht. In Gesprächen mit Journalistenkollegen hatte ich immer häufiger gehört: Wenn das so weitergeht, verlaß ich diesen Beruf. Es gab viel Sarkasmus und auch Hoffnungslosigkeit, denn es ging das Gerücht um, Honekker wolle sich mit seiner alten Mannschaft zum Parteitag wiederwählen lassen.

Ich bin dann am 9. Oktober in die Uni gefahren. Um 11.00 Uhr in der Sitzung unseres Wissenschaftsbereichs kam plötzlich eine Aufforderung: fünf Genossen! Sie sollten sich in die Nikolaikirche setzen. Ich hab’ ganz spontan ‘Ich!’ gesagt, ‘Ich geh’ mit!’ Warum? Ich hatte das Gefühl, dort passiert etwas ganz Wichtiges, von dem du nicht länger abgeschnitten sein willst. Wir sollten uns als Genossen ja von Kirche und Demonstrationen sonst fernhalten. Und es hieß auch, daß dort die Konterrevolution marschiere. Ich ertappte mich bei dem Gedanken: Die Genossen, wie werden sie sich dort verhalten? Ich dachte wirklich ‘die’ und nicht ‘wir’. Darüber war ich erschrocken.

In der ersten Anleitung wurde uns von unserem Parteisekretär gesagt, das Neue Forum wolle eine Aktion starten, wir aber sollten nun das Feld nicht nur mehr denen überlassen; die

Partei hätte auch mitzureden. Die Kirche sei ja, wie sie selbst betone, schließlich offen für alle. Es hieß weiter, wir sollten uns ruhig verhalten, wer dort spräche, sei festgelegt. Nach der Kirche sollten wir uns schnell und unverzüglich von der Demonstration entfernen. Ich dachte: Worauf hast du dich da eigentlich eingelassen? Ich fühlte mich fatal an die Kirchenkämpfe der 50er Jahre erinnert. Dann sagte ich mir: Da mußt du jetzt durch.
Im Rathaus fand um 13.00 Uhr die zweite Anleitung durch einen Sekretär der SED-Kreisleitung statt. Wir sollten in kleinen Gruppen zur Nikolaikirche gehen. Diejenigen, die das Parteiabzeichen trugen, wurden ermahnt, es abzulegen. Ein Student sagte, er halte das Ganze für ein Husarenstück. Ihm wurde maßregelnd das Wort entzogen. Eine Genossin beschwerte sich daraufhin über diese Art und Weise und den Umgangston. Es gab ein Hin und Her, bis Professor Bernd Okun aufstand und erklärte, warum er eigentlich hier sei und auch in der Kirche etwas sagen wolle. Die ungeheuerliche Arroganz der Parteiführung und Ignoranz den Geschehnissen in diesem Lande gegenüber, sie sei schlimm. Er sprach zum erstenmal öffentlich aus, was viele von uns dachten. Es sei vielleicht schon zu spät, das einzige, was wir machen könnten, sei, Zeit zu gewinnen, um miteinander zu reden, daß nichts Schlimmes passiere. Plötzlich brüllte einer vor der Tür, wie lange wir denn noch diskutieren wollten, die Kirche fülle sich schon.
Gegen 14.00 Uhr betraten wir die Kirche. Dann haben wir diese Stunden dort gesessen. Ich las die Anschläge, über die Verhaftungen, auch den Bericht einer ehemaligen Studentin von mir: Warum begegnet ihr uns so, mit diesem Haß in den Augen, so feindlich? fragte sie.
Seltsam. So dachte ich auch, aber über die andere Seite. Beim Friedensgebet, als die Resolution der Sechs verlesen wurde, sagte ich erleichtert zu meinem Nachbarn: 'Endlich, endlich machen auch wir ein Angebot zum Miteinander-Reden!'
Von draußen drangen Pfiffe und Buhrufe zu uns herein. Wir dachten, es gelte uns, weil man wisse, wer hier mit drinnen sitzt. Ich hatte Angst. Ich setzte meine Brille auf, die andere, die stabilere. Man sagte uns, wir sollten rechts herausgehen. Ich

dachte, vielleicht ist es eine Falle, und ich ging links hinaus. Ich erzähle das, obwohl es mir heute absurd erscheint, aber es gab eine große Angst. Gegen 18.00 Uhr lief ich zum Hörsaalgebäude. Dort fand die Parteiversammlung meiner APO statt. Auf dem Weg sah ich in der Menge Leute mit Kerzen, auch zwei Angetrunkene, Schaulustige. Vor dem Hörsaalgebäude standen die Mannschaftswagen der Bereitschaftspolizei, davor schweigend die Männer mit den Helmen und Schilden. Es wirkte beklemmend. In der Parteiorganisation diskutierte man gerade eine Resolution, die politischen Dialog und Gewaltfreiheit forderte. Wir fünf aus der Kirche berichteten dann vom Aufruf der Sechs. Einer sprach von den Demonstranten als 'Randalierern'. Dieses Vokabular war ja aus der Zeitung bestens bekannt. Ich stand auf und sagte man solle endlich aufhören damit, Schluß mit solchen Verunglimpfungen!
Es gab die Order, nach der Versammlung noch so lange im Hörsaal zu bleiben, bis die Kreisleitung der SED uns nicht mehr für eventuelle Einsätze brauche. Heute denke ich, man wollte uns vielleicht schützen. Um 19.30 Uhr durften wir dann das Gebäude verlassen. Die Polizisten saßen in den Mannschaftswagen. Vor einem stand eine Frau, gestikulierend, vielleicht Mitte Vierzig. Sie redete pausenlos auf die Männer ein. Sie schwiegen. Ein Polizist sagte dann: 'Ach, laßt uns doch in Ruhe! Wir wollen nach Hause!'
Am 16. Oktober war ich dann das erstemal bei der Demonstration dabei. Doch ich hatte das Gefühl, daß ich eigentlich nicht das Recht habe da mitzulaufen. Es waren die Losungen der anderen. Mit manchen stimmte ich überein. Aber ich hatte selbst nichts einzubringen.

Helga Wagner, Dozentin an der Karl-Marx-Universität Leipzig, Mitglied der SED

## Der 9. Oktober in den Leipziger Kirchen

Wegen einer Bombendrohung mußte die Nikolaikirche gegen 15 Uhr noch einmal geräumt werden. Bald nach 16 Uhr war dort kein Hineinkommen mehr, wenige Minuten später waren auch die drei anderen Kirchen überfüllt. Zum ersten Mal waren auch die Thomas- und die Michaeliskirche, letztere zwei Straßenbahnhaltestellen vom Stadtzentrum entfernt, beteiligt.

Die Situation in den Gottesdiensten war einmalig. Auf jedem nur möglichen Platz saßen, standen, drängten sich die Menschen. Sie standen auf den Treppen zu den Emporen, in den Eingängen und hinaus auf die Straße. Es herrschte eine atemlose Stille und gespannteste Aufmerksamkeit. Erfüllt waren die vielen Gottesdienstbesucher gleichzeitig von Angst und großer Entschlossenheit, entschlossen, sich nicht einschüchtern zu lassen und trotzdem auf die Straße zu gehen, gleichzeitig hatten sie Angst vor den Folgen. In allen vier Kirchen wurden die Lieder "Sonne der Gerechtigkeit" und "O komm du Geist der Wahrheit" gesungen und erklangen dann weiter fast jeden Montag. In der Reformierten Kirche lasen Gemeindeglieder eine aus Afrika kommende Psalmmeditation zum 13. Kapitel des 1. Korintherbriefes:

## Meditation aus Afrika zu 1Kor 13

*Reformierte Kirche, 9. Oktober*

"Ich wäre ein Heuchler
Wenn ich die Ehrfurcht vor dem Leben predigte
und sähe tatenlos dem Elend meines Volkes zu,
so wäre ich ein Heuchler.

Und wenn ich die Befreiung der Menschen
auf mein Banner geschrieben hätte
und die Liebe zur Freiheit auf den Lippen trüge
und ließe sie in meinem Leben keine Gestalt annehmen,
so wären meine Worte vergebens.
Und wäre ich so weise, daß ich selbst den Weg des Windes kennte,
und ließe die Sekunde verstreichen, in der ich handeln müßte,
so verriete ich das Gebot der Liebe.

Die Liebe entnimmt ihre Regeln nicht blassen Theorien
und trockenen Büchern,
sie verharrt nicht in leerem Geschwätz.
Sie richtet sich nach der Not der Menschen, denen sie begegnet.
Die Liebe gibt niemals auf.

Kostbar wie das Leben sind Gerechtigkeit und Menschenwürde.
Politische Parolen werden vergehen,
Ausbeutersysteme werden zerfallen.
Sie müssen neuen Ordnungen weichen,
denn Menschen werden von Parolen nicht satt.
Menschen rufen nach Befreiung,
denn Gott hat uns das Recht auf Würde und Freiheit geschenkt.

Doch als ich nicht wußte, was Würde des Menschen bedeutet,
war ich blind und nicht frei zu lieben.
Erst seit ich für die Rechte der Menschen kämpfe,
weiß ich, was in Wahrheit Liebe heißt.

Da wir Sklaven waren, sprachen wir wie Sklaven,
begriffen wir wie Sklaven, dachten wir wie Sklaven.
Da wir aber frei werden,
werfen wir die Ketten der Knechtschaft hinter uns.
Glaube, Liebe, Hoffnung: sie bleiben gültig;
doch ohne Gott, ohne Freiheit und Menschenwürde
bleiben sie leere Schatten."

Meditation zum Thema Menschenrechte von Canaan Banana aus Simbabwe

## Bischof Hempel tritt auf

*Leipzig, 9. Oktober*

Kurz vor dem Gottesdienst war die Nachricht telefonisch durchgegeben worden, daß Bischof Hempel persönlich in alle vier Kirchen kommen werde. Gleich nach dieser Meditation trat er an das Rednerpult. Seine Worte waren eine dringende Mahnung zur Gewaltlosigkeit. Konkrete Sachverhalte, wie von den meisten Besuchern erwartet, wurden nicht mitgeteilt. Später wurde bekannt, daß in den Verhandlungen mit den Vertretern des Rates des Bezirkes Gespräche über Veränderungen zugesichert worden waren, wenn der Abend friedlich verlaufen würde. Gleichzeitig waren die Pfarrer gebeten worden, sich ähnlich wie in Dresden einige Tage vorher bei Gewalttätigkeiten zwischen die Demonstranten und die Polizei zu stellen. Wer

sich als Pfarrer zu erkennen geben würde, sollte ein Megaphon zur Verfügung gestellt bekommen. Bischof Hempel hatte das im Blick auf die große Zahl der Menschen als unrealistisch zurückgewiesen und dringend darum gebeten, die Sicherheitskräfte zurückzuziehen.
Die Gemeinden in Leipzig empfanden schon die Anwesenheit des obersten Repräsentanten der großen lutherischen Landeskirche als eine Stärkung. Zur Gewaltlosigkeit mahnte auch ein Aufruf, den die Theologiestudentin Gisela Merkel verlas:

## Appell von Bürgerrechtsgruppen

*Leipzig, 9. Oktober*

"In den letzten Wochen ist es mehrfach und in verschiedenen Städten der DDR zu Demonstrationen gekommen, die in Gewalt mündeten: Pflastersteinwürfe, zerschlagene Scheiben, ausgebrannte Autos, Gummiknüppel- und Wasserwerfereinsatz. Es gab eine unbekannte Zahl Verletzter, von Toten ist die Rede.
Auch der letzte Montag in Leipzig endete mit Gewalt. Wir haben Angst. Angst um uns selbst, Angst um unsere Freunde, um den Menschen neben uns und Angst um den, der uns da in Uniform gegenübersteht. Wir haben Angst um die Zukunft unseres Landes.
Gewalt schafft immer wieder nur Gewalt. Gewalt löst keine Probleme, Gewalt ist unmenschlich, Gewalt kann nicht das Zeichen einer neuen besseren Gesellschaft sein.
Wir bitten alle:

- Enthaltet Euch jeder Gewalt!
- Durchbrecht keine Polizeiketten, haltet Abstand zu Absperrungen!
- Greift keine Personen oder Fahrzeuge an!
- Entwendet keine Kleidungs- oder Ausrüstungsgegenstände der Einsatzkräfte!
- Werft keine Gegenstände und enthaltet Euch gewalttätiger Parolen!
- Seid solidarisch und unterbindet Provokationen!
- Greift zu friedlichen und phantasievollen Formen des Protestes!

An die Einsatzkräfte appellieren wir:
• Enthaltet Euch der Gewalt!
• Reagiert auf Friedfertigkeit nicht mit Gewalt!
Wir sind ein Volk!
Gewalt unter uns hinterläßt ewig blutende Wunden!
Partei und Regierung müssen vor allem für die entstandene ernste Situation verantwortlich gemacht werden. Aber heute ist es an uns, eine weitere Eskalation der Gewalt zu verhindern. Davon hängt unsere Zukunft ab!

Leipzig, den 9. Oktober 1989
Arbeitskreis Gerechtigkeit, Arbeitsgruppe Menschenrechte, Arbeitsgruppe Umweltschutz"

**Predigt von Pfarrer Sievers am 9. Oktober**

Der reformierte Gemeindepfarrer Hans-Jürgen Sievers stellte seine Predigt unter ein Wort des Apostels Paulus:
"Da ich ein Kind war, redete ich wie ein Kind, war klug wie ein Kind und hatte kindliche Ansichten; da ich aber ein Mann war, tat ich ab, was kindlich war." (1Kor 13, 11)
"Liebe Gemeinde, wir haben uns auf einen Weg begeben. Wir sind auf dem Weg, erwachsen zu werden. Jahrelang, jahrzehntelang sind wir wie Kinder gewesen. Jetzt werden wir erwachsen. Es wird ein langer Weg werden, es wird ein langer Prozeß sein. Manchem wird es zu langsam gehen. Wir werden ihn ermahnen, geduldig zu sein. Aber wie es für einen Jugendlichen oder einen Erwachsenen keine Möglichkeit gibt, wieder ein Kind zu werden, so wird es auf unserem Weg kein Zurück geben können.
In unserer Kirche können wir heute ein Plakat mit einem Ausspruch von Martin Luther King lesen. Dieser farbige amerikanische Pfarrer, er wurde 1968 ermordet, hat den Menschen unserer Zeit gezeigt, daß durch eine aus dem christlichen Glauben kommende Gewaltlosigkeit etwas grundsätzlich verändert werden kann.
Als Farbiger mußte er mit ansehen, wie Menschen wie er in seiner Umgebung, dem Süden der Vereinigten Staaten, wie Kinder und Menschen zweiter Klasse behandelt wurden. In der

Stadt, in der er Pfarrer war, in Montgomery, war besonders die Situation in den öffentlichen Verkehrsmitteln erniedrigend. Farbige mußten hinten in den Bussen sitzen. Wenn ein Weißer keinen Platz bekam, mußte ein Farbiger vor ihm aufstehen. Eines Tages wurde eine ältere Frau verhaftet, weil sie sich weigerte, einem jungen Mann ihren Platz zu räumen. So etwas geschah alle paar Tage und alle nahmen es als selbstverständlich hin. Aber an diesem Tag war die Geduld vorbei. Es war, als ob ein Band gerissen sei. Es gab Versammlungen. Die Kirchen mußten ihre Räume geben, da keine anderen geeigneten Versammlungsmöglichkeiten zur Verfügung standen. Der junge 26jährige Pfarrer Martin Luther King wurde damals zum Leiter der Bewegung gewählt. Er hat eine von der Bibel her kommende, von dem christlichen Glauben her kommende Lehre der Gewaltlosigkeit entworfen.
Die Menschen in Montgomery beschlossen damals, Ende 1954, so lange nicht mit den Bussen zu fahren, bis die Rassentrennung aufgehoben ist und jeder wie ein erwachsener Mensch behandelt wird. Keiner hat geahnt, was das bedeutet. Mehr als ein Jahr lang sind die Menschen gelaufen, in einer Stadt, fast so groß wie Leipzig. Jeden Morgen und jeden Abend.

Es hat in dieser Zeit nicht an Schikanen gefehlt. Es wurden Provokateure in die Bewegung geschleust, die Steine werfen sollten, die Gewalt gegen Gewalt setzen sollten, damit Anlaß zu gewaltsamem Vorgehen gegeben wird.
Wir wissen, daß sich auch in unserer Stadt hartnäckig die Gerüchte halten, daß Steine geworfen werden sollen oder Scheiben eingeschlagen, um einen Grund zum Einschreiten zu geben. Sehen wir uns die Menschen genau an, die einen Stein aufheben.
Damals in Montgomery hatte man diese Menschen meist schnell entlarvt. Es gab damals bei dieser Bewegung wie bei uns Zuführungen, Geldstrafen, Verhaftungen, doch die vielen Menschen hatten sich nicht einschüchtern lassen, sondern sind gelaufen und gelaufen und gelaufen – mit großer Geduld, ein ganzes Jahr lang. Und sie sind in dieser Zeit gewachsen. Aus Kindern sind sie ganz langsam und allmählich zu Erwachsenen geworden.

Sie sind Menschen geworden, es gab die üblichen Probleme, die wir haben, wenn wir mehr Freiheit bekommen. Nicht jeder hat diese Freiheit richtig genutzt, nicht jeder hat seine neue Freiheit gleich richtig angewendet. Diese Fehler aber konnten überwunden werden.

Bei Wind und Wetter sind die Menschen dort gelaufen und gelaufen. Als dann Ende 1955 der erlösende Bescheid kam, daß das Oberste Gericht die Rassentrennung als ungesetzlich erklärte, gab es noch einmal eine große Versammlung. Die Menschen trafen sich wie bei uns in mehreren Kirchen, weil keine groß genug war für die vielen, die zusammenkamen. Einer der Redner las dabei diese Bibelstelle:

'Da ich ein Kind war, redete ich wie ein Kind, dachte wie ein Kind und hatte kindliche Ansichten. Als ich erwachsen geworden war, tat ich ab, was kindlich war.'

Ein Augenzeuge berichtete, daß sich danach ein unbeschreiblicher Jubel erhob. Die Zuhörer hatten mit einem Mal begriffen, daß sie von jetzt ab erwachsen, daß sie von jetzt ab richtige Menschen waren.

Nun, liebe Gemeinde, haben wir uns auf den Weg gemacht. Wir haben die ersten Schritte eines langen Weges getan. Es wird viele unter uns geben, denen wird es nicht schnell genug gehen. Ungeduld ist das Vorrecht der Jugend, wir müssen uns jedoch gegenseitig zu großer Geduld ermahnen. Nur wenn wir die notwendige Beharrlichkeit haben, nur wenn wir uns immer wieder gegenseitig zur Gewaltlosigkeit ermahnen, werden wir unser Ziel erreichen, in Zukunft wie Erwachsene behandelt zu werden.

Wir alle, liebe Gemeinde, wissen, wie das ist, wenn wir wie ein Kind behandelt werden. Wir haben ja alle solche Erfahrungen gemacht, wenn wir einen Antrag gestellt haben auf den Bau einer Garage oder einen Platz an einer erweiterten Oberschule oder gar auf eine Reisegenehmigung. Haben wir nicht alle unsere Ablehnungen hinter uns? Immer hieß es dann: 'Begründungen brauchen nicht gegeben zu werden.' Einem sechs- oder siebenjährigen Kind braucht man nichts zu begründen, ein Kind versteht das alles sowieso noch nicht. Wir wissen, wie es ist, wie ein Kind behandelt zu werden.

Ein Kind in der ersten oder zweiten Klasse kann noch keine

richtigen Sätze schreiben. Sie müssen vorgeschrieben, sie müssen diktiert werden. Jedes Jahr vier Wochen vor dem 1. Mai zeigt uns unsere Regierung, wie sie uns einschätzt. Die Parolen zum 1. Mai bekommen wir schön sauber und ordentlich vorgeschrieben, damit wir beim Abschreiben keinen Fehler machen. Kleine Kinder können noch nicht selber schreiben.
Ein drittes Beispiel: Schlechte Eltern machen ihren Kindern Angst mit dem Bösen Mann oder dem Schwarzen Mann. Sie drohen: 'Wenn du nicht brav bist, kommt der Schwarze Mann.' So wie man den Kindern droht, droht man uns seit Jahren und Jahrzehnten. Immer heißt es: 'Paß auf, da ist ein Sicherheitsmann. Er horcht alles und sieht alles.'
Wie die Kinder haben wir uns gefürchtet und haben uns immer scheu umgesehen. Jetzt sagen wir laut: 'Wir haben keine Angst. Wir sind erwachsene Menschen. Wir sind keine Kinder, denen man drohen kann.' Wir alle wissen, wie schwer es sein wird, erwachsen zu werden. Nun haben wir uns aber auf den Weg begeben, wegzutun und zurückzulassen, was kindlich ist. Es wird ein langer Weg, es wird ein schwerer Weg. Es wird nicht an Knüppeln fehlen, die man uns über den Kopf schlagen oder zwischen die Beine werfen wird, doch dieser Weg kann nicht zurückgegangen werden. Wir haben begonnen abzutun, was kindlich ist. Wir werden laufen und laufen und laufen und uns nicht wieder wie Kinder behandeln lassen.
Wenn unser Gottesdienst beendet ist, werden einige schnell nach Hause gehen. Ich möchte all denen danken, daß sie ihre Angst überwunden haben und gekommen sind. Nur wenn wir immer und immer wieder durch unsere Anwesenheit zeigen, daß wir in großen Zahlen zusammenkommen und um Veränderung beten, werden wir Veränderungen erreichen.
Allen anderen, die noch in der Stadt bleiben, möchte ich danken, wenn sie durch ihr Bleiben ihrer Sehnsucht nach Veränderung Ausdruck geben, der Sehnsucht danach, wie ein Mensch behandelt zu werden. Ich möchte noch einmal um strikte Gewaltlosigkeit bitten. Wenn wir ein gutes Ziel haben, muß auch der Weg dahin ein guter Weg sein und müssen die Mittel, die wir anwenden, gut sein."

Friedensgebet am 9. Oktober 1989 in der Reformierten Kirche. Prediger: Hans-Jürgen Sievers

Kaum hatte er geendet und der Chor ein neues Lied angestimmt, wurde Pfarrer Sievers erregt vom Lesepult weggezogen. Hinter ihm stand Dr. Peter Zimmermann, Dozent an der Sektion Theologie, und bat dringend als allerletztes den Aufruf zu verlesen, der kurz vorher von sechs Leipziger Persönlichkeiten verfaßt worden war und der den Dialog einleitete. Dr. Zimmermann eilte gleich nach der kurzen Erklärung zur nächsten Kirche.
Die Gemeinde versammelte sich zuvor zum Fürbittgebet und antwortete auf die Worte der Sprechenden nach jedem Abschnitt mit einem gesungenen “Kyrie”.

### Fürbittgebet vom 9. Oktober

*Reformierte Kirche*

“Wie jeden Abend in diesen Tagen bitten wir für die Verhafteten des 11. September und nennen die Namen, die wir kennen: Jutta Getzel, Carola Bomschlegel, Katrin Hattenhauer, Ramona Ziegner, Axel Gebhardt, Jörg Müller, Mirko Kätzel, Udo Hartmann, Günter Müller, Gundula Walter.
Wir bitten, daß die Zeit ihrer Gefangenschaft bald ein Ende findet.Wir bitten für alle, die in diesen Tagen in unserem Land zugeführt, mit Geldstrafe belegt, verurteilt oder geschlagen werden, weil sie für Veränderungen zum Guten in unserem Land eingetreten sind. Wir bitten besonders für die, deren Namen noch nicht bekannt sind. Laß sie spüren, daß sie von unseren Gebeten getragen werden.
Es geht das Gerücht, daß einige von denen, die am vergangenen Montag zusammengeschlagen wurden, in aller Heimlichkeit in das Haftkrankenhaus nach Leipzig-Dösen gebracht wurden. Wir wollen beten, daß keiner schwere gesundheitliche Schäden davonträgt und vor allem, daß keiner sein Leben verliert.
Wir bitten, daß unsere Regierung, daß die Verantwortlichen in Berlin und Leipzig zu einer Politik der Gespräche und der Argumente zurückfinden und die Politik der Gewalt aufgeben. Polizei, Gummiknüppel, Hunde und Gewehre haben noch niemals Menschen überzeugen können.
In unserer Stadt, in unserem Land herrscht viel Angst. Wir haben Angst vor Menschen, die in der Zeitung schreiben, daß

sie ihre Gewehre gebrauchen wollen. Die Polizisten und Angehörigen der Kampfgruppen haben Angst vor Menschen, die auf die Straße gehen. Schenke allen Besonnenheit und den Willen zur Gewaltlosigkeit, daß jede Aggressivität, jeder Übergriff unterbleibt.
Wir bitten, daß unserem Land wieder gegenseitiges Vertrauen geschenkt wird, und wir bitten, daß unser Land eine Regierung hat, die sich um das Vertrauen des Volkes bemüht."

Vor dem Segen hörte die Gemeinde den Aufruf der Leipziger Sechs. Die Menschen reagierten mit dankbarem Beifall, ehe sie auf die Straße gingen. Von allen Kirchen strömten sie auf den Karl-Marx-Platz, wo schon die warteten, die in den Kirchen keinen Platz mehr gefunden hatten. Einige der Gotteshäuser blieben als Orte der Stille, der Meditation und Zuflucht geöffnet und waren bis in den späten Abend besucht. Erst gegen 21 Uhr entfernten sich die letzten. Da hatte die Revolution schon gesiegt.

## Der Aufruf der Leipziger Sechs

*9. Oktober*

Die Leipziger Bürger Professor Masur, Pfarrer Dr. Peter Zimmermann, der Kabarettist Bernd-Lutz Lange und die Sekretäre der SED-Bezirksleitung Dr. Kurt Meyer, Jochen Pommert und Dr. Roland Wötzel wenden sich mit folgendem Aufruf an alle Leipziger:
"Unsere gemeinsame Sorge und Verantwortung haben uns heute zusammengeführt. Wir sind von der Entwicklung in unserer Stadt betroffen und suchen nach einer Lösung.
Wir alle brauchen einen freien Meinungsaustausch über die Weiterführung des Sozialismus in unserem Land.
Deshalb versprechen die Genannten allen Bürgern, ihre ganze Kraft und Autorität dafür einzusetzen, daß dieser Dialog nicht nur im Bezirk Leipzig, sondern auch mit unserer Regierung geführt wird.
Wir bitten Sie dringend um Besonnenheit, damit der friedliche Dialog möglich wird."

## Der Sieg der Revolution

*Leipzig, 9. Oktober, 18.25 Uhr*

Die einen sprachen von 50 000, die anderen nannten die Zahlen 70 000 oder 100 000. Wer konnte sie zählen, die da um 18 Uhr auf dem Karl-Marx-Platz zusammenströmten, die die vertraute Runde zum Bahnhof und weiter über den Stadtring liefen? "Und sie sind gelaufen und gelaufen und gelaufen" rief einer laut, offenbar aus dem Gottesdienst der Reformierten Kirche kommend. Unvergeßlich das rhythmische Rufen, das in die Geschichte einging: "Wir sind das Volk" mit der Betonung auf dem ersten Wort, "Wir sind keine Rowdies", "Keine Gewalt" und immer wieder zu den noch Unentschlossenen und Ängstlichen am Rande der Straße: "Schließt euch an!" An der Fußgängerbrücke, dicht besetzt mit Zuschauern, wurde diese Aufforderung verstärkt: "Schließt euch an, die Brücke bricht zusammen!"

Kurz hinter dieser Brücke, einige Meter vor dem Hauptgebäude des Sicherheitsdienstes, stockte der Zug. Vertreter des Neuen Forums wollten aus Furcht vor Auseinandersetzungen mit den dort postierten Sicherheitskräften die Demonstranten in eine andere Richtung wenden, was jedoch nicht gelang. Bald strömte die Menge weiter, erfaßt von der großen Solidarität, die ein Zeichen dieser Herbsttage wurde, und ergriffen von dem langsam die Angst ablösenden Hochgefühl, gewonnen zu haben.

Die Demonstranten liefen über den Stadtring und lösten sich erst, als sie wieder am Karl-Marx-Platz angekommen waren, langsam auf. Über den Stadtfunk wurde immer wieder der Aufruf der Leipziger Sechs verlesen. Die, die verstehen konnten, dankten mit Beifall und lauten "da capo"-Rufen. Am Schwanenteich, der Anlage zwischen Karl-Marx-Platz und Oper, diskutierten noch lange Einwohner Leipzigs mit dort in Stellung gegangenen Mitgliedern der Kampfgruppen. Viele von denen hatten sich jedoch aus Scham über den ihnen befohlenen Einsatz im Dunkel der Anlage versteckt, nachdem sich andere geweigert hatten, überhaupt zum Einsatz zu kommen.

Die meisten Sicherheitskräfte hatten sich gegen 18.30 Uhr plötzlich zurückgezogen.

Schon vor dem Herbst 1989 gab es in Leipzig gewaltlosen Widerstand in der unterschiedlichsten Form. Im Februar 1988 veranstalteten Künstler des Bezirks in der Reformierten Kirche eine Grafikauktion, deren Erlös – fast 16 000 Mark – der kirchlichen Bewegung für Gerechtigkeit, Frieden und Bewahrung der Schöpfung zugute kam.

Rechts:
Die Reformierte Kirche
am Tröndlinring in Leipzig.

Die große Leipziger Stadtkirche St. Nikolai wurde durch ihre seit 1982 stattfindenden Friedensgebete zu einem Zentrum des stillen Protestes gegen die sich immer mehr verschlechternden Zustände in der DDR.

Unten: Juni 1989. Gottesdienstbesucher – die Zeitung schreibt von Rowdies, Störenfrieden und antisozialistischen Elementen – bleiben nach dem Friedensgebet vor der Nikolaikirche stehen (wegen Bauarbeiten kann nicht der Haupteingang, sondern nur zwei Seiteneingänge benutzt werden). Wenig später wird der Platz, wie jeden Montag, von der Polizei geräumt.

Um zu verhindern, daß Gottesdienstbesucher gemeinsam zum Marktplatz zogen, standen monatelang jeden Montag Polizeiketten in den Straßen um die Nikolaikirche. Das Polizeiaufgebot wurde immer größer, auch Hunde standen bereit und drohten mit ihrem Bellen. Das untere Bild entstand im Juni 1989. Nach der nicht befolgten Aufforderung, den Platz vor der Kirche zu räumen, werden einige Besucher des Friedensgebetes abgeführt und auf LKW geladen.

Oben: Der Platz vor der Nikolaikirche am 11. September. Die Polizei hat die Menschen abgedrängt und in einer Nebenstraße eingekesselt. Zuerst wurden Einzelne gezielt aus der Menge herausgegriffen und – wie auf dem Bild zu erkennen – auf einen Polizeiwagen geschoben. Es war die Parole ausgegeben worden, dabei laut den Namen zu rufen, damit andere die Inhaftierung weitermelden könnten. Später wurden etwa 100 Personen vorübergehend festgenommen.

"Revolution der Kerzen" wurde der Herbst 1989 häufig genannt. Als Zeichen eines stummen Protestes wurden Montag für Montag am Gebäude des Staatssicherheitsdienstes oder – Bild links – am Rathaus Kerzen aufgestellt.

Unten: Kerzen brannten auch in anderen Teilen des Landes. Am 21. Oktober fand in Rostock eine Schweigedemonstration statt, bei der die Teilnehmer vor dem Gebäude des Stasi Kerzen aufstellten. Ein hoher Offizier der Staatssicherheit stellte sich dem Gespräch.

Der Leipziger Karl-Marx-Platz am 16. Oktober gegen 18.30 Uhr. Aus Richtung Nikolaikirche kommend strömen die Menschen auf den Platz, wo sich der Demonstrationszug formiert.

Unten: Am 23. Oktober mußten die Menschen Schlange stehen, um sich in den Zug der Demonstranten einreihen zu können. Erst nach gut einer Stunde füllte der Zug der Menschen die Straße nicht mehr in der ganzen Breite. Drei Wochen vorher hatte die Polizei an dieser Stelle noch versucht, durch eine Polizeikette die Menschenmenge aufzuhalten.

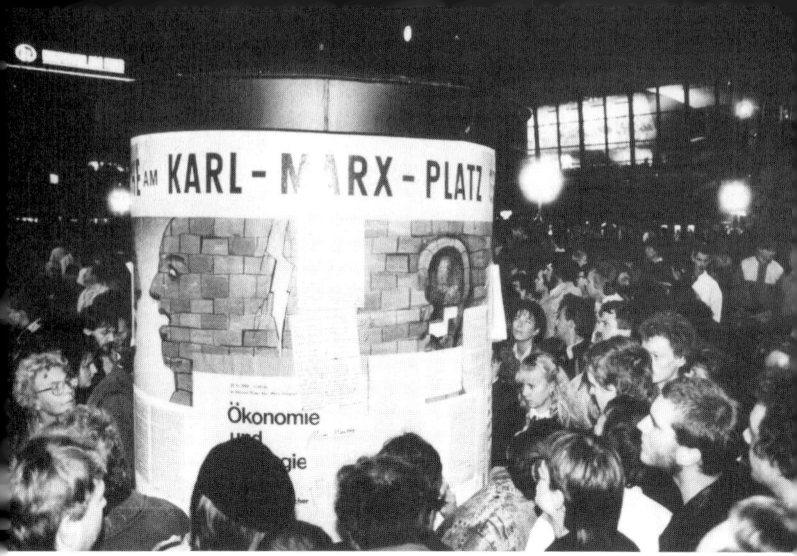


Gewandhauskapellmeister Kurt Masur stellte eine Litfaßsäule vor dem Gewandhaus auf, um den Leipzigern die Möglichkeit zu geben, sich öffentlich zu artikulieren.

Der kleine Saal des Gewandhauses (unten) stand wochenlang für Dialogveranstaltungen zur Verfügung (am Tisch stehend Kurt Masur).

Rechts: Demonstrant vor dem Leipziger Rathaus.

Unten: Leipzigs Oberbürgermeister Dr. Bernd Seidel versuchte zusammen mit anderen Persönlichkeiten der Parteileitung und des Rates der Stadt am 30. Oktober vergeblich, mit den Demonstranten in ein tiefergehendes Gespräch zu kommen.

Seit dem 30. Oktober gab es eine Fülle von Transparenten. Viele forderten freie Wahlen und ein Ende der in der Verfassung festgeschriebenen Vorherrschaft der SED.

Unten: Demonstranten vor dem Leipziger Rathaus.

Viele Leipziger stellten zum Ende der Montagsdemonstration ihre Transparente am Rathaus ab.

Nach der Öffnung der Grenzen am 9. November wurden die Forderungen nach einem einheitlichen Deutschland immer lauter.

Unerwarteten Witz entfalteten die Leipziger beim Ausdenken ständig neuer Slogans.

Rechts: Superintendent Magirius und seine Frau im Demonstrationszug.

Studenten und Dozenten des Theologischen Seminars in Leipzig hatten sich schon lange vor Beginn der Demonstrationen für Veränderungen eingesetzt und engagierten sich natürlich erst recht in den Herbsttagen. Auf dem Bild unten sichert der Student Michael Böhme (links) zusammen mit dem Studentenpfarrer Martin Kind und dessen Tochter im Auftrag des Neuen Forums das Gebäude des Sicherheitsdienstes vor Übergriffen durch die Demonstranten.

Für den 1. Advent (3. Dezember) wurde dazu aufgerufen, eine Menschenkette quer durch die DDR zu bilden. Das Bild oben wurde in der Nähe des Leipziger Rathauses aufgenommen.

Am 18. Dezember, dem letzten Montag vor den Weihnachtstagen, bildeten die Leipziger einen großen Ring um die Leipziger Innenstadt. Viele Menschen trugen dabei Kerzen in den Händen.

Es ist inzwischen viel über dieses "Wunder von Leipzig" gesprochen und geschrieben worden. Fest steht, daß nicht der Aufruf der Sechs, erst recht natürlich nicht Egon Krenz (wie er selber behauptete), sondern einzig die übergroße Zahl der Demonstranten den bewaffneten Einsatz der Polizei verhinderte. Bei einer Pressekonferenz am 2. März, zu der vom Bezirksstaatsanwalt in Leipzig eingeladen worden war, entschuldigte sich der Chef der Bezirksbehörde der Volkspolizei, Generalmajor Günter Straßenburg, für den Einsatz Anfang Oktober:
"Ich nehme die Gelegenheit wahr, mich bei allen Betroffenen zu entschuldigen. Wir haben die Lage im Bezirk politisch falsch eingeschätzt. Heute betrachte ich das Einschreiten der VP als Mißbrauch durch eine korrupte Partei- und Staatsführung."
Im Blick auf den 9. Oktober 1989 führte er aus, daß er in laufendem Kontakt mit dem Innenminister stand, der für eine unbedingte Auflösung der Demonstration plädierte. Er hätte mehrfach auf die veränderte Lage hingewiesen und an die am Ring dislozierten Einheiten den Befehl gegeben, von sich selbst aus keinesfalls zu handeln.

Um 18.25 Uhr hatte der Generalmajor den allgemeinen Rückzugsbefehl in Kraft gesetzt. Die mutige Initiative der Gruppe um Kurt Masur habe, so führte er weiter aus, auf die Menschenmenge sehr beruhigend gewirkt. Auf die Befehlslage hätte sie aber keinerlei Einfluß gehabt, da er erst gegen 19 Uhr davon erfahren hätte.
Die Aufregung in der Stadt klang langsam ab. Gegen 22 Uhr klingelt eine Gruppe Jugendlicher am Pfarrhaus am Tröndlinring. "Es soll einen Aufruf geben, können Sie uns etwas sagen?"
Der Ausgang des Tages wurde als großes Hoffnungszeichen gesehen, von den meisten jedenfalls. Andere jedoch spürten, daß sie verloren hatten. Kurz vor Mitternacht klingelte bei Superintendent Richter das Telefon. "Ihr verdammten Schweine" sagte eine Stimme, bevor der Hörer wieder aufgelegt wurde.

## “Geprägt von Besonnenheit”

*“Leipziger Volkszeitung” vom 10. Oktober*

“Am Montagabend versammelten sich im Leipziger Stadtzentrum einige Tausende zu einer nicht genehmigten Demonstration. Sie war im wesentlichen von Besonnenheit geprägt. Es gab keine Provokationen gegen Personen, keine Ausschreitungen gegen Einrichtungen und die Einsatzkräfte der Deutschen Volkspolizei, die zur Aufrechterhaltung von Ordnung, Ruhe und Sicherheit in der Stadt eingesetzt waren. Diese wurden deshalb nicht gezwungen, einzugreifen.”

“Leipziger Volkszeitung” vom 10. Oktober 1989

## Beginn des Dialogs

*10. Oktober*

Die Zeitungen des 10. Oktober spiegelten etwas wider von der gespaltenen Lage. Teilweise waren sie gefüllt mit Zuschriften voller Empörung über das rowdyhafte Verhalten so vieler Menschen in verschiedenen Städten während der Feiern zum 40. Jahrestag der DDR, zum anderen wurde ganz vorsichtig zum ersten Mal der Dialog gefordert. In den nächsten Tagen äußerten sich in immer größerer Zahl Künstler, Schriftsteller, Schauspielensembles, Rockmusiker und andere und forderten Gespräch und Veränderung. Den Aufruf der Leipziger Sechs suchte man allerdings vergeblich in den Zeitungen, deshalb bildeten sich an kirchlichen Schaukästen, wo der Text ausgehängt war, lange Schlangen.

Die vier leitenden Geistlichen erbaten bei ihrem Treffen am Dienstag früh dringend ein Gespräch mit Vertretern des Rates der Stadt, das zwei Tage darauf zustande kam. Oberbürgermeister Dr. Seidel schien, ohne es konkret anzusprechen, nichts sehnlicher zu wünschen, als daß die Friedensgebete endlich abgesetzt würden, damit nach Möglichkeit auch die Demonstrationen endlich ein Ende hätten. Vorgeschlagen wurde ein Gespräch in einem größeren Kreis, das am Dienstag darauf auch stattfand. Über beide wurde als ein Zeichen des Dialogs in der Presse berichtet wie auch über das Zusammentreffen des

Verantwortlichen für Innere Angelegenheiten beim Rat des Bezirkes, Dr. Reitmann, mit Vertretern der bisher so verfemten Basisgruppen.
Alle diese Gespräche liefen ähnlich ab. Bestimmten Forderungen wurde nachgegeben, wie etwa der nach der Freilassung der Inhaftierten. (Während der Beratungen wurde von einer Sekretärin ein Zettel hereingebracht und dem Oberbürgermeister überreicht. Bei der zu erwartenden Frage nach den Inhaftierten nahm er den Zettel auf: "Gerade bekomme ich die Nachricht, daß sie morgen freigelassen werden sollen." Die kirchlichen Gesprächspartner empfanden das als schlechtes Theater.)

Die Aufforderung, sich doch endlich den Demonstranten zu stellen, am besten auf dem Karl-Marx-Platz, oder die Möglichkeit der Kirchen zu nutzen – Pfarrer Sievers bot gleich die Reformierte Kirche an –, wurde mit verlegenem Lächeln abgewehrt. Erst am 30. Oktober gab es einen Versuch, ohne technische Hilfsmittel sich den Bürgern zu stellen. Wenige Tage später trat Oberbürgermeister Seidel zurück. Überrollt von den Ereignissen wurde auch das Gespräch beim Rat des Bezirkes mit einer großen Runde kirchlicher Vertreter und Mitgliedern des Lehrkörpers der Sektion Theologie und des Theologischen Seminars.
Der Vorsitzende des Rates des Bezirkes Opitz begann seine einführenden Worte Ende Oktober zur Verblüffung aller mit der Feststellung, daß ja allen Anwesenden bekannt wäre, daß die Versorgungslage verbessert und mehr für die bauliche Erhaltung der Häuser getan werden würde. Damit wären ja die Gründe für die Demonstrationen hinfällig. Einer der Theologiedozenten schrieb deshalb auf sein Plakat am Montag darauf: "Erst Reformen – dann Bananen".

Die Zeit der Dialoge fand Ende November schon deswegen ein Ende, weil die staatlichen Dialogpartner einer nach dem anderen verschwanden. Es begann die Zeit der Rücktritte, einige der Gesprächspartner verschwanden sogar im Gefängnis. So wurde der ehemalige Oberbürgermeister Dr. Seidel zusammen mit dem Vorsitzenden der Kreisleitung der SED Prag wegen

Verdachts auf Wahlfälschung bei den Kommunalwahlen in Untersuchungshaft genommen. Der Vorsitzende des Rates des Bezirkes Opitz, gerade in seinem Amt bestätigt, wurde wegen einer undurchsichtigen Affäre beim Kauf seines Einfamilienhauses inhaftiert.
An die Stelle des Dialogs traten dann die runden Tische mit den Vertretern der alten und neuen Parteien und Gruppierungen und Pfarrern als Moderatoren. In diesen Gremien herrschte echte Partnerschaft und eine konstruktive Arbeit zum Wohle des Landes und der Stadt.

## Oberbürgermeister und Ratsmitglieder suchen das Gespräch

*Agenturbericht vom 13. Oktober*

Leipzig (ADN). Leipzigs Oberbürgermeister Dr. Bernd Seidel und die Mitglieder des Rates der Stadt erklären ihren festen Willen und ihre Bereitschaft, einen offenen, freimütigen und sachlichen Meinungsaustausch mit allen Bürgern zu führen, die an der konstruktiven Weiterentwicklung des Sozialismus interessiert sind. Dieser notwendige Dialog soll mit allen Bürgern und auf allen Ebenen der Stadt geführt werden.
Der Oberbürgermeister und Mitglieder des Rates der Stadt werden in der kommenden Woche deshalb auch mit Vertretern kirchlicher Gruppen und Leipzigern zusammentreffen, die ihren Willen zum konstruktiven Dialog um die Weiterführung des Sozialismus an den vergangenen Montagabenden innerhalb und außerhalb der Kirchen zum Ausdruck gebracht haben. Dieser Weg des Gesprächs sei besser und fruchtbarer. Dazu ist weiterhin Ruhe und Besonnenheit vonnöten.
Zur Vorbereitung dieser Gespräche, die auch der Bewahrung des verfassungsrechtlichen Verhältnisses zwischen Staat und Kirche dienen, traf sich Oberbürgermeister Dr. Bernd Seidel am Donnerstagnachmittag mit Superintendent Johannes Richter, Superintendent Friedrich Magirius, Propst Günter Hanisch und Pfarrer Hans-Jürgen Sievers.

"Leipziger Volkszeitung", 13. Oktober 1989

## Kanzelwort von Landesbischof Hempel

*Dresden, 11. Oktober*

Liebe Schwestern und Brüder!

Wir sind betroffen und umgetrieben von den Ereignissen der letzten Tage. Auch in Leipzig und Dresden, in Plauen und Karl-Marx-Stadt hat es in letzter Zeit mehrfach öffentliche Ansammlungen von Tausenden von Menschen, vor allem von jungen Erwachsenen, gegeben. Sie wollten auf verschiedene Weise ihren Willen zur Veränderung bestehender Mißstände in unserer Gesellschaft zum Ausdruck bringen.

In einigen Fällen gingen diese Ansammlungen ohne dramatische Folgen vorüber; in anderen Fällen kam es zur Konfrontation mit Kräften der Polizei und des Sicherheitsdienstes. Viele junge Erwachsene wurden polizeilich zugeführt, z.T. nach Verhör wieder freigelassen, z.T. im Schnellverfahren zu mehreren Monaten Freiheitsstrafe verurteilt. Junge Menschen wurden geschlagen und verletzt; auch Polizisten sind verletzt worden; genaue Zahlen haben wir nicht. Gespräche zwischen Vertretern des Staates und der Kirche haben manches lindern, aber die Gesamtlage nicht ändern können. Viele Bürger im Gebiet unserer Landeskirche, Christen und Nicht-Christen, sind von tiefer Unruhe erfüllt. Wo man hinkommt, sprechen die Menschen über das eine Thema: "Was soll nur werden? Es muß sich einiges ändern!"

Deshalb möchte ich – in Übereinstimmung mit den Brüdern und Schwestern im Landeskirchenamt – Euch drei Dinge schreiben, damit Ihr wißt, wie wir zu den genannten Vorgängen stehen.

1. Es muß Gespräche geben zwischen den jungen Erwachsenen, die jetzt auf die Straße gehen, und Staatsvertretern; Gespräche über die Enttäuschungen und Verbitterungen und Wünsche der jungen Menschen. Es müssen Lösungen gesucht werden. Erste Anfänge hierzu sind begrüßenswert. Ohne solche Gespräche gibt es keine Ruhe im Lande, es sei denn die Ruhe der Gewalt. Es muß über die gerichtliche Verurteilungsweise und über die Freilassung der Inhaftierten gesprochen werden. Die schematische Charakterisierung der sich versammelnden jungen Erwachsenen als Rowdies o. ä. ist ungerecht.

Eine junge Generation ohne Spontaneität und Entschlossenheit wäre eine schlechte junge Generation.
2. Viele Menschen – viel zu viele –, gerade auch junge Erwachsene, verlassen unser Land. Bis in die Nacht hinein verfolgt uns der Schmerz über solches Verlassenwerden. Manche mögen verlockt worden sein, manche unüberlegt handeln. Die Mehrzahl aber geht, weil sie trotz aller sozialen Sicherheit hier nicht mehr leben will. Ihr Weggehen ist ein menschlicher, kultureller und wirtschaftlicher Aderlaß ersten Ranges, in manchen Fällen eine persönliche Verarmung unserer Seele. Wer spricht rechtzeitig mit ihnen? Tun wir Christen es in unseren Gemeinden?
Es ist unverantwortlich zu behaupten, den Weggehenden brauche man nicht nachzutrauern; es ist unverantwortlich, unbequemen Bürgern, die hier bleiben wollen, das Weggehen nahezulegen. Es muß unter uns normal werden, nicht nur über die Vorteile unserer Gesellschaft, sondern auch über ihre Nachteile zu hören und offen zu sprechen. Es muß der bittermachende oder auch zur Ironie verleitende Unterschied zwischen dem, was in den meisten Zeitungen steht oder in der "Aktuellen Kamera" vermittelt wird, und dem häufigen Erleben der Bürger z. B. in den Geschäften, z. B. beim Betrachten vieler Häuser in Städten usw. überwunden werden. Der kirchliche Monatsspruch für Oktober (Spr. 29,5) heißt: "Wer seinem Nächsten schmeichelt, spannt ihm ein Netz über den Weg." Offenheit ist nicht Feindseligkeit.
3. Schließlich möchte ich Euch bitten, in Gesprächen und im Gebet vor Gott dafür einzutreten, daß Gewaltanwendung – von welcher Seite auch immer – vermieden wird. Gewalt zerstört, was uns teuer ist. Wir brauchen einen kühlen Kopf. Ich bitte Euch eindringlich um unbedingte Gewaltlosigkeit. Das Leben zu erhalten ist ein sehr hoher Wert. Die Herrnhuter Losung für den heutigen Sonntag (Ps. 62,7) lautet:
"Gott ist mein Fels, meine Hilfe und mein Schutz, daß ich nicht fallen werde." Mit unseren Worten: Gott, der Unsichtbare, aber Wirkliche, nimmt uns Menschen in der DDR wahr, er schaut durch und voraus in die Zukunft, und er spricht ein kräftiges Wort zu ihrer Gestaltung mit. Ruft Ihn an um Hilfe und Bewahrung vor Gewalt.

In Ps. 62,9 lesen wir: "Hofft auf ihn allezeit, liebe Leute, schüttet euer Herz vor ihm aus. Gott ist unsere Zuversicht."

Ich grüße Euch in der Verbundenheit unseres Glaubens!

Euer Johannes Hempel

"Wort des Landesbischofs an die Gemeinden der Evangelisch-Lutherischen Landeskirche Sachsens, mit der Bitte an alle Pfarrer und Pfarrerinnen, es am 21. Sonntag nach Trinitatis (15. Oktober 1989) im Gottesdienst von der Kanzel zu verlesen." Das Begleitschreiben zum "Wort des Landesbischofs" des Evangelisch-Lutherischen Landeskirchenamts Sachsen trägt die Registernummer 0628/37 und ist vom 11. Oktober 1989 datiert.

## Aus dem Bericht einer Schweizer Reisegruppe

*Dresden, Donnerstag, 12. Oktober*

Wir sehen im Theater der jungen Generation Ionescos Stück "Die Unterrichtsstunde". Zum Schluß der Vorstellung wird aus der ganzen Truppe die Erklärung des Schauspielhauses zur aktuellen Lage verlesen und zur Diskussion darüber ins Foyer eingeladen. Frenetischer Applaus und engagierte Gespräche bis weit über Mitternacht.

*Erklärung des Dresdner Schauspielhauses*

"Wir treten aus den Rollen heraus. Die Situation in unserem Land zwingt uns dazu. Ein Land, das seine Jugend nicht halten kann, gefährdet seine Zukunft. Eine Staatsführung, die mit ihrem Volk nicht spricht, ist unglaubwürdig. Eine Parteiführung, die ihre Prinzipien nicht mehr auf Brauchbarkeit untersucht, ist zum Untergang verurteilt. Ein Volk, das zur Sprachlosigkeit gezwungen wurde, fängt an gewalttätig zu werden. Die Wahrheit muß an den Tag. Unsere Arbeit stockt in diesem Land. Wir lassen das Land nicht kaputtmachen. Wir nutzen unsere Tribüne, um zu fordern: Wir haben ein Recht

1. auf Information
2. auf Dialog
3. auf selbständiges Denken und Kreativität
4. auf Pluralismus im Denken
5. auf Widerspruch
6. auf Reisefreiheit
7. unsere staatliche Leitung zu überprüfen
8. neu zu denken und
9. uns einzumischen."

## *Nicht demonstrieren!*
## Dialog, Besonnenheit, Aufeinanderzugehen – das ist der Weg!

*Flugblatt vom 16. Oktober*

Umdenken und sichtbare Veränderungen sind dringend erforderlich. Dieser Prozeß kann aber nur mit Besonnenheit geführt werden. Gewaltsame Auseinandersetzungen jeglicher Art waren und sind nie ein Mittel zur Lösung von Problemen. Die Straße ist kein Ort für ihre Austragung.
Mit Erleichterung haben wir die Ereignisse am letzten Montag verfolgt. Unsere Hochachtung gilt der Vernunft und Klugheit aller Beteiligten. Im täglichen Kampf um das einzelne Lebensschicksal wäre es für uns als Ärzte unerträglich gewesen, Verletzten zu helfen oder gar Tote sehen zu müssen.
Das hat unsere Republik nicht verdient!
Wir erwarten von den Verantwortlichen umgehend spürbare Entscheidungen, die uns allem zum Nutzen gereichen. Es wird nicht leicht werden. Gemeinsam ist es nur zu schaffen.

Prof. Dr. sc. med. D. Olthoff,
Direktor der Klinik für Anästhesiologie und Intensivtherapie der KMU Leipzig
Prof. Dr. sc. med. K.-F. Lindenau,
Direktor der Klinik für Herz- und Gefäßchirurgie der KMU Leipzig

*Aufruf des Rektors der Karl-Marx-Universität (Rückseite des obigen Flugblattes)*

Aufregende Zeiten bewirken Aufregung. Aufregung kann sich unkontrolliert entladen, wenn zwischen den Partnern nicht über die Ursachen geredet wird, die zum Konflikt geführt haben.
Das Gespräch fördert Verständigung und hilft, die Wurzeln des Konflikts zu erkennen und Lösungen zu finden. Wenn viele aufgeregt sind, sind das besonnene Gespräch, das Aufeinanderzugehen und die Toleranz wichtigste Bedingungen für progressive Lösungen.
Demonstrationen haben Zeichen gesetzt. Sie sind von allen in unserem Lande deutlich erkannt worden. Jetzt sollte man auf die Straße zur Artikulation der Besorgnis verzichten. Ja, wir bleiben hier aus der Überzeugung, daß wir gemeinsam die

Kraft haben zu lernen, den Dialog so zu führen, daß der Frieden gewahrt bleibt und der Sozialismus so attraktiv wird, wie wir – und unsere Freunde weit in der ganzen Welt – ihn uns wünschen.
Illusionen über die Härte dieses Weges habe ich nicht, aber die Gewißheit, daß Dialog zwischen den Bürgern und Leistung jedes einzelnen Bürgers der einzige Weg zur Wohlfahrt unseres Landes sind. So habe ich die Erklärung des Politbüros des ZK der SED vom 11. Oktober verstanden. Dabei ist Wissenschaft heute mehr denn je gefordert, Antworten auf uns alle bewegende Fragen zu finden. Dazu sind und bleiben wir verpflichtet.

Prof. Dr. sc. Horst Hennig, Rektor der KMU, Korrespondierendes Mitglied der AdW der DDR, Ordentliches Mitglied der Sächsischen Akademie der Wissenschaften

Dieses Flugblatt wurde am 16. Oktober in den Betrieben und auf den Straßen, besonders vor den Kirchen, verteilt.

## Demonstration soll verhindert werden

*Montag, 16. Oktober*

Am 16. Oktober wurde der letzte Versuch unternommen, die Demonstration zu verhindern. In den Tagen davor waren die Zeitungen voller Zuschriften des Inhalts, daß Dialog gut und wichtig wäre, er aber nicht auf der Straße geführt werden sollte. Plastisch wurden die Gefahren für den Verkehr beschrieben oder auf mögliche Krawalle hingewiesen. Wieder wurde in Betrieben und Schulen gewarnt, montags in die Innenstadt zu gehen. Gerüchte über zu erwartende militärische Einsätze hielten sich weiterhin. Den Tag über wurden Flugblätter verteilt, zuletzt vor den Kirchen, mit dem Aufruf, nicht zu demonstrieren. Nach den Gottesdiensten lief über den Stadtfunk ein Tonband mit der Aufforderung zweier Pfarrer an die Leipziger, nicht auf die Straße zu gehen. (Einer der beiden Pfarrer distanzierte sich später von diesen seinen Worten.)
Trotz all dieser Bemühungen waren die Kirchen überfüllt. Nach den Gottesdiensten zogen die Menschen wieder über den Stadtring. Die Zahl schien sich verdoppelt zu haben – sie wurde auf 150 000 geschätzt. Wieder erklangen die bekannten Rufe, kräftig, selbstbewußt.

Vorher hatte in der Nikolaikirche eine Arbeitsgruppe für Wehrdienstfragen beim Jugendpfarramt turnusmäßig die Verantwortung für das Friedensgebet. Zwei junge Männer, Michael und Sebastian, berichteten in einer Art Tagebuch über ihre Eindrücke von der letzten Woche.

**Friedensgebet**

*Nikolaikirche, 16. Oktober*

"Nachdem vorige Woche der Leitgedanke 'Volkes Stimme laßt uns hören' hieß, wollen wir versuchen, die Betroffenheit eines einzelnen deutlich zu machen. (Die Tagebuchnotizen der beiden Leipziger Michael und Sebastian stammen aus der vergangenen Woche.)

*Tagebuchnotiz von Michael, 9.Oktober*

Heute morgen war die noch halb geschlossene Blüte von meinem Hibiskus abgefallen. Ich war nahe dran, darin ein schlechtes Vorzeichen zu sehen. Was sollte das für ein Tag in Leipzig werden? Den ganzen Vormittag über konnte ich keinen klaren Gedanken fassen, keine vernünftige Arbeit tun. Jeder redete über das, was heute Abend geschehen würde. Der angedrohte Gebrauch von Waffengewalt hat in mir die Bilder aus China wieder wachgerufen. Ich habe gebetet, daß dieser Abend unblutig vorbeigehen möge. Noch in der Kirche, während gerade gebetet wurde, jagten die Rufe derer, die vor der Kirche standen, mir kalte Schauer über den Rücken, obwohl kurz vorher die Aufrufe zur Besonnenheit und Gewaltfreiheit verlesen worden waren als erste Anzeichen einer Entspannung. (Pause) Jetzt sitze ich hier und bete wieder. Diesmal ist es aber ein Dankgebet. Wie ein Wunder ist heute Abend die Spannung von dieser Stadt gewichen. Wie wird es aber nun weitergehen?

*Tagebuchnotiz von Sebastian, 11. Oktober*

Ob es nur mir so geht, daß ich so viel über Politik nachdenke? Aber es muß sich doch in dieser Woche etwas bewegen. Der Handlungsbedarf liegt doch im Moment ganz eindeutig auf seiten der Regierung. Wie lange will sie denn warten, bis sie eigene Fehler eingesteht? Das wäre der erste Schritt um neu zu beginnen, um etwas Vertrauen zu bewirken.

Als wären die Probleme nicht allen bekannt. Zum Glück wird auf unterer Ebene offener geredet. Viele Musiker, Schriftsteller, Schauspieler und Professoren haben sich geäußert, und ansatzweise gelingt die Veröffentlichung in der Zeitung, wie beispielsweise heute die Willenserklärung der Mitarbeiter des Gewandhauses. Aber warum steht nicht der Appell der sechs Leipziger Persönlichkeiten in der Zeitung? Die Zeitungen wären nun mal ein Medium, um die Menschen dieser Stadt in aktuellen Fragen zu informieren.
Schon um 8.00 Uhr bekomme ich seit einiger Zeit keine Tageszeitung mehr am Kiosk. Das ist doch ein positives Zeichen. Toll, daß sich so viele Menschen jetzt informieren, daß in den Betrieben darüber gesprochen wird, wie es weitergehen soll.

*Tagebuchnotiz von Michael, 12. Oktober*

Es ist doch ein starkes Stück. Nachdem so viel vorgefallen ist – diese Erklärung des Politbüros. Wo bleibt denn da die klare Analyse der Situation? Fragt man sich denn gar nicht, warum so viele weggegangen sind und hier so viele auf die Straße gehen? Dieser Text ist so schwammig. Es kann doch nicht sein, daß wir wieder mit den Formeln wie z. B. 'gutes Warenangebot' und Reisemöglichkeiten hingehalten werden. Ist denn jemals über Reisemöglichkeiten diskutiert worden?
Auf einmal wird von Dialog gesprochen, ohne daß nur ein einziges Wort über die Form des Dialogs verloren wird. Wird über alle Themen diskutiert werden, oder gibt es weiterhin Tabus? Ich habe das Gefühl, daß die SED einfach Begriffe wie 'Dialog', 'Reformen' und 'Offenheit' okkupiert und einseitig interpretiert.
Eben kam in der 'Aktuellen Kamera' die Konkretisierung der Reisebedingungen für ČSSR-Reisen. Mir kam es vor, als solle mir achtmal gesagt werden, daß ich nicht mehr in die ČSSR reisen kann wie bisher. War die Politbüroerklärung heute morgen das Zuckerbrot und das jetzt die Peitsche?

*Tagebuchnotiz von Sebastian, 13. Oktober*

Die Woche geht ihrem Ende zu. Die kühnen Träume und Hoffnungen vom Wochenbeginn haben sich gelegt. Die Angst um den kommenden Montag beginnt wieder in mir aufzustei-

gen. Wird es ein weiteres Mal gelingen, daß alles friedlich und gewaltlos abläuft?
Vier Tage bestand die Chance zum wirklichen Gespräch. Haben wir alle Möglichkeiten ausgenutzt? Oder warten wir nur auf Veränderungen, die wieder über unsere Köpfe hinweg beschlossen werden? Und welche Möglichkeiten haben die Verantwortlichen dieser Stadt gesucht, um mit den Menschen, die am Montag auf die Straße gingen, zu sprechen? Ich kann überall lesen, daß die Straße nicht der geeignete Ort ist, um den Dialog zu führen. Wo ist dann der geeignete Ort? Daß die alten Strukturen keinen Dialog möglich machen, ist deutlich sichtbar, sonst hätte er ja innerhalb dieser Strukturen längst stattfinden können.
Froh bin ich trotzdem über die vielen kleinen Schritte, von denen ich jetzt immer häufiger höre; zum Beispiel die spontane Gesprächsbereitschaft des Professors für marxistische Ethik, Wolfgang Weiler, gegenüber der Friedensgruppe Gohlis.

*Tagebuchnotiz von Sebastian, 14. Oktober*

Als ich heute morgen aufwachte, schien mir die Sonne ins Gesicht. Es ist so wohltuend, in dieser Zeit Sonne, Wärme und Licht auftanken zu können. Beim Frühstück lese ich in der Zeitung von der Freilassung der Gefangenen. Aber wo bleibt die Erklärung für die Vorgänge? War die Verhaftung und Verurteilung ein grober Fehler, der inzwischen eingesehen wurde? Dann müßte es aber eine Rehabilitierung der Personen geben. Oder ist die Gleichheit der Bürger vor dem Gesetz nicht gewährleistet? Diese Frage ging mir schon durch den Kopf, als die Züge mit den Menschen aus den Botschaften der Bundesrepublik in Prag und Warschau durch die DDR rollten.
Überhaupt, denken wir eigentlich noch darüber nach, wieviele Menschen noch immer täglich unser Land verlassen? Haben wir uns schon daran gewöhnt, jeden Tag die Meldung zu hören: der Strom von Übersiedlern ließ auch in den vergangenen 24 Stunden nicht nach?
Wieviele Tausende Menschen müssen noch der DDR den Rücken kehren, bis sich die Verhältnisse, die zu dieser Fluchtwelle führen, ändern?

*Tagebuchnotiz von Sebastian, 15. Oktober*

Heute Sonntag hab ich etwas ausspannen können. Ich habe länger geschlafen, in Ruhe gefrühstückt und bin zum Gottesdienst gegangen. Daß in der Gemeinde die gegenwärtige Situation nicht ausgespart bleibt, habe ich nicht anders erwartet. Nicht zuletzt spricht ja Landesbischof Hempel in seiner Botschaft von Betroffenheit und von der Notwendigkeit, die Vorgänge in der Gesellschaft wachen Sinnes zu erleben, sich nichts vorzumachen und sich nichts vormachen zu lassen und sich zu distanzieren von jeglicher Gewalt.
Eben sprach der Kommentator in der 'Aktuellen Kamera' den merkwürdigen Satz, daß schlechte Zeiten für die angebrochen seien, die es sich in der Gesellschaft lange Zeit bequem gemacht hätten. Geht es denn nicht endlich einmal etwas konkreter? Es gibt doch genügend Vorschläge, Resolutionen und Protestnoten. Warum werden all diese Stimmen ignoriert? Nachmittags. Morgen beginnt eine neue Woche. Sie wird neue Chancen und Hoffnung bringen. Ich bin schon gespannt, was das 'Neue Deutschland' morgen auf Seite 1 bringen wird."

## "Die Union" über den 16. Oktober

Zum ersten Mal erschienen im Nachgang zu den Friedensgebeten und der Demonstration des 16. Oktober längere Presseberichte in Leipziger Zeitungen. Während die auflagenstärkste "Leipziger Volkszeitung" nur von den Demonstrationen berichtete, schilderten andere wie die "Union" (DU) auch die inhaltliche Aussage der Friedensgebete.

### *"Friedliche Demonstration*

*Montagabend in Leipzigs Innenstadt: Über 100 000 Bürger bekundeten ihre Meinung und forderten Veränderungen*

(DU) Nach Friedensgebeten und Fürbittandachten in fünf Leipziger Kirchen kam es am vergangenen Montagabend zu einer Demonstration durch die Leipziger Innenstadt. Über 100 000 Bürgerinnen und Bürger hatten sich dem Demonstrationszug angeschlossen. Sie forderten mit Transparenten und in Sprechchören Reisefreiheit sowie den visafreien Reiseverkehr in die ČSSR, sie skandierten 'Gorbi, Gorbi'. Andere Demonstranten riefen in die Menge der Zuschauer 'Schließt euch an!'. Daß die Demonstration friedlich verlief, ist sowohl der Zurückhaltung der Sicherheitsorgane als auch der Besonnenheit der Demonstranten zu danken. Nicht zuletzt wurde auch in den Kirchen zu Besonnenheit und zum vernünftigen Dialog gemahnt. Fraglich bleibt allerdings, ob Buh-Rufe und Auspfeifen der z. T. postierten Sicherheitskräfte nicht auch eine Form (verbaler) Gewalt darstellen: Manche Demonstranten trugen Kerzen und Blumen und beteiligten sich lediglich schweigend am Zug durch die Stadt.

Im Fürbittgebet in der Leipziger Thomaskirche sprach am Abend der katholische Propst Günter Hanisch – und sein Auftreten in der Thomaskirche kann erneut als Zeichen ökumenischen Miteinanders gewertet werden – über ein Wort aus dem 17. Kapitel des Lukas-Evangeliums und charakterisierte die gegenwärtige Situation als 'Zeichen der Krise'. Es sei zu einem Vertrauensschwund zwischen Regierenden und Re-gierten gekommen. 'Wir müssen uns mit Besonnenheit dieser Krise stellen und sie lösen', sagte der katholische Geistliche.

Voraussetzung für den Dialog sei die Bereitschaft für und das Bemühen um Wahrhaftigkeit. Er betonte zudem, daß es sinnvoller sei, von wahrhaftigen Medien als von lebensverbundenen Medien zu sprechen.

Zum Dialog – nicht zu einer Demonstration – bekannten sich u. a. der Rektor der KMU, Prof. Dr. sc. Horst Hennig, Ärzte aus der Messestadt. Pfarrer Dr. Peter Weiß betonte in einer über den Stadtfunk verbreiteten Erklärung, daß die Straße kein Ort sei, an dem man Probleme lösen kann. Bedauerlich ist, daß auch den Worten von Jochen Pommert, der im Auftrag des Sekretariats der SED-Bezirksleitung sprach, vielfach gar kein Gehör geschenkt wurde.

E. H."

"Die Union", 18. Oktober 1989

## Schlangestehen zur Demonstration

*Nikolaikirche, 23. Oktober*

Etwas völlig Unerwartetes, wahrscheinlich auch ziemlich Einmaliges erlebten die Besucher des Friedensgebetes am 23. Oktober in der Nikolaikirche. Trotz einer fünften offenen Kirche – der Peterskirche – war die Kirche innen und der Platz davor in den späten Nachmittagsstunden so überfüllt, daß die Menschen Platzangst bekamen. Nach Schluß des Gottesdienstes benötigten die Kirchenbesucher mehr als eine Stunde, um in der Menschenmenge bis zum Karl-Marx-Platz geschoben zu werden. Einige müssen mehrere Stunden in der Masse eingekeilt gewesen sein.

Bei der kurz nach 18 Uhr begonnenen Demonstration waren die ersten Teilnehmer schon die vier Kilometer über den Leipziger Ring gelaufen, ehe sich die letzten in den Zug einreihen konnten. Seit mehr als einer Stunde zog der Strom der Menschen an den Häusern vorbei, rufend, klatschend, singend. Immer noch war die Stadt montags für ausländische Journalisten verboten. Fernsehberichte wurden, wie schon in den Wochen zuvor, nur illegal, teilweise unter großen Gefahren, aufgezeichnet. So kamen kaum Bilder von diesen unvergeßlichen Momenten an die Öffentlichkeit.

Für die Vorbereitung und Ausführung der Gottesdienste hatte sich unter den Beteiligten schnell ein bestimmter Ablauf eingespielt.

Freitags um 8 Uhr Treffen bei Superintendent Magirius zu genauer Absprache, meist verbunden mit der Verabredung der Predigteinsätze. Montags bis 11 Uhr Übermittlung aller wichtigen Nachrichten an Superintendent Richter, von wo gegen 14 Uhr die Abkündigungen von den Boten der Gemeinde abgeholt wurden. Diese Abkündigungen zusammen mit den Texten der Fürbittgebete bildeten einen Spiegel der Ereignisse dieser Herbsttage. Im folgenden soll immer wieder daraus zitiert werden. So hieß es in den Abkündigungen am 23. Oktober unter anderem:

## Abkündigung vom 23. Oktober

"In einem Hirtenbrief stellt der römisch-katholische Bischof von Dresden-Meißen unter anderem fest: Das Volk hofft nun

auf einen wahren Dialog und wirkliche Veränderungen. Jetzt ist die Zeit zum Reden. Zögern und Zaudern sind jetzt falsch. Die Wahrheit muß an den Tag. Wahrheit zerstört nie. Wahrheit baut immer auf. Also sprechen wir sie aus.
Die Superintendenturen Leipzig-Ost und Leipzig-West, das katholische und evangelisch-reformierte Pfarramt erbitten konkrete Informationen mit Namen und Anschrift von Bürgern, die sich in den vergangenen Wochen bei Zuführungen, vorläufigen Festnahmen und Inhaftierungen und anderen Maßnahmen der Sicherheitsorgane ungesetzlich behandelt fühlen.
Wir bitten erneut und dringend darum, daß, wenn es heute wieder zu einer Demonstration kommt, alle, die daran teilnehmen, alles tun, um die bisherige Friedfertigkeit und Gewaltlosigkeit auf alle Fälle zu garantieren. Wir brauchen die Versöhnung, wir leben aus ihr."

Zuerst Gelächter, dann stürmischen Beifall riefen die "Solidaritätsgrüße aus Mecklenburg" hervor, die in einigen Kirchen verlesen wurden als Zeichen, daß die Bewegung jetzt auch den bisher noch so zurückhaltenden Norden erreicht hatte.

### Solidaritätsgrüße aus Mecklenburg

*Zum 23. Oktober*

Freundinnen und Freunde, die ihr euch um die Zukunft unseres Landes sorgt!
Mit norddeutscher Verspätung solidarisieren wir uns mit eurem mutigen Auftreten für unser gemeinsames Anliegen. Auch wir haben Organisationsformen gefunden, denen sich viele Bürger aller Schichten angeschlossen haben, den Demokratisierungsprozeß in unserem Lande voranzutreiben. Laßt uns im Zusammenhalt von Nord und Süd diesen gemeinsam beschreiten!
Wir demonstrieren am 23.10.1989 gewaltfrei für

- Zulassung des "Neuen Forum" und der anderen demokratischen Initiativen
- gegen Gleichmacherei – für leistungsgerechte Bezahlung in allen Bereichen

- uneingeschränkte Reisefreiheit für jeden
- offene Medien – Meinungs- und Versammlungsfreiheit.

Politische Bürgerinitiative "Neues Forum",
Region Schwerin

**"Für eine mitredende Kirche"**

*"Die Union" vom 25. Oktober*

"Ich habe in den zurückliegenden Monaten und Wochen manches Mal darüber nachgedacht, wie man, theologisch betrachtet, den Zustrom derjenigen Menschen beurteilen kann, die in Gotteshäusern und überhaupt in kirchlichen Räumen Antwort auf ihre drängenden Fragen suchen. Sie wollten z. B. wissen, wie es weitergeht in unserem Land, was man verändern muß. Sie erklärten sich nicht mit der Meinung einverstanden, denjenigen, die unserer Republik den Rücken kehren, müsse man keine Träne nachweinen. Es gab zuviele, die darüber betroffen waren und sind. Sie erlebten selbst mit, daß sich der Nachbar, der Freund, der kirchliche Mitarbeiter, der Arzt, ja das eigene Kind auf den Weg in den anderen deutschen Staat begeben. Mit diesen Sorgen und vielen, vielen Fragen kamen auch Menschen, die bisher nur im entferntesten etwas von Gott in Christus gehört hatten, in wachsendem Maß in die Kirchen.

Kirchenvertreter haben mir in dieser politisch bewegten Zeit, die zweifellos viele Chancen für einen gesellschaftlichen Aufbruch in sich birgt, bestätigt, daß die Kirche mit dieser Art einer 'Stellvertreterrolle' – und zwar für die Funktionen des Staates – einfach überlastet ist. Sie besitzt kein politisches Mandat; sie ist kein wirtschaftsleitendes Organ und schon gar nicht eine legislative Kraft, die Reisegesetze beschließen könnte. Dennoch war und ist sie offen für alle Menschen, die zu ihr kommen. Verschlossene Türen gab es nicht und wird es dort für niemanden geben. Begründet wird der Anspruch und die Verpflichtung, für jeden da zu sein, konkret mit der Verkündigung, dem Leben und Sterben Jesu Christi, der von Gott zu *allen* Menschen gesandt ist.

Durch den Zustrom vieler Menschen in die Gotteshäuser, erlebbar z. B. zu den montäglichen Friedensgebeten und Fürbittandachten nicht nur in Leipzig – konnte die Kirche in der sozialistischen Gesellschaft der DDR in den Blickpunkt der Öffentlichkeit gelangen, denn sie stand und steht – eventuell weiterhin – in der Gefahr einer Ghetto-Existenz. Zeugnis und Dienst wurden so für viele Nichtchristen durchsichtig, spürbar und vielleicht auch verständlich.
Nun findet überall in unserem Land der gesamtgesellschaftliche Dialog statt, nicht zuletzt eine Forderung der Eisenacher Bundessynode. Werden die Kirchen jetzt wieder leerer? ... Ich hoffe und wünsche mir nur, daß trotz der Trennung von Staat und Kirche die deutliche gesellschaftliche Mitverantwortung der Kirche respektiert, beibehalten und ausgebaut wird. Kirche in der sozialistischen Gesellschaft der DDR muß eine in der Öffentlichkeit präsente und anerkannt mitredende Kirche sein, ohne jemals das politische Mandat des Staates für sich zu beanspruchen."

Edgar Hasse in: "Die Union", 25. Oktober 1989

In den letzten Tagen des Oktober war auch den größten Zweiflern deutlich, daß es so, wie es war, nicht wieder sein würde. Bei den vielen Dialogveranstaltungen redeten sich die Menschen die Wut aus dem Leib, aber sie waren nicht willig, danach wieder zur Tagesordnung zurückzukehren. Am Mittwoch, den 18. Oktober, war Erich Honecker von Egon Krenz abgelöst worden. (Dieser 18. Oktober war der Tag der Völkerschlacht bei Leipzig. Später wurde die Frage gestellt: "Was haben Napoleon und Honecker gemeinsam? Beiden wurde Leipzig zum Verhängnis.")
Egon Krenz erhielt keine Minute Schonung. Die Zahl der Menschen, die auf die Straße gingen, verringerte sich keineswegs. Es schien fast so, als ob nun jeder, der sich bisher noch nicht richtig getraut hatte, jetzt unbedingt dabei sein wollte. So zogen ganze Arbeitskollektive und Familien mit ihren Kindern. Unvergeßlich der 88jährige Ehrenvorsteher der Kirchengemeinde mit seiner Kerze, voller Freude, das noch erleben zu dürfen. Aus allen größeren Orten meldeten die Nachrichten Versammlungen von Zehn- oder Hunderttausenden, und

überall waren Gottesdienste die Ausgangspunkte, und überall war es eine große Besonnenheit, die die Veranstaltungen prägte. Die Erfüllung einiger Forderungen machte den Menschen Mut, immer mehr grundsätzliche Veränderungen zu verlangen. Der Traum von einer Gesellschaft ohne die Vorherrschaft einer Partei oder Ideologie schien nicht nur ein Traum zu bleiben. In der Reformierten Kirche griff am 30. Oktober der Gemeindepfarrer dieses Thema auf und verglich Josef, den Träumer, mit den Träumern der heutigen Zeit:

## "Hier sind wir, wir Träumer"

*Predigt vom 30. Oktober in der Reformierten Kirche*

"Sie sagten zueinander: 'Da kommt der Träumer... laßt uns ihn töten ... dann werden wir sehen, was aus seinen Träumen wird.' (1Mos. 37,19-20)

Wer hätte gedacht, daß in wenigen Wochen soviel geschehen kann? In unseren kühnsten Träumen hätten wir uns das nicht vorstellen können. Vielleicht reichen unsere Träume gar nicht aus für die Wirklichkeit.

Ich habe diese Bibelstelle gelesen, in der von einem Träumer die Rede ist. Es ist die Geschichte von Joseph und seinen Brüdern. Die Brüder verkaufen Joseph nach Ägypten. So wollen sie seine Träume zunichte machen. Zuerst wollten sie ihn sogar töten, dann in eine Grube werfen, jetzt entscheiden sie sich für den Verkauf in dieser alten Geschichte. Manche von uns werden sie kennen. Wir merken diesem Bericht der Bibel an, daß er immer und immer wieder erzählt worden ist. Nicht nur, weil es ein spannender Abschnitt der eigenen Geschichte war – so wie wir später vielleicht immer wieder von diesen Monaten September, Oktober und November erzählen werden –, sondern weil hier von einer besonderen Erfahrung berichtet wurde.

Es wurde die Erfahrung weitergegeben, daß Gott das große Ziel bestimmt. Es wurde die Erfahrung weitergegeben, daß man sich diesem Ziel mit noch so großer Gewalt in den Weg stellen, das Erreichen des Zieles aber nicht verhindern kann, ja, es durch die Gewalt sogar noch fördert.

Wenn wir in diesen Tagen immer deutlicher sehen, daß das Vorgehen der Sicherheitsorgane, daß die prügelnde Polizei die Neuorientierung nicht nur nicht verhindert, sondern sogar beschleunigt haben, dann ahnen wir etwas von der Wahrheit dieses alten und doch so aktuellen Berichtes.
'Seht, da kommt dieser Träumer' heißt es hier. Joseph kommt zu seinen Brüdern. Wir alle wissen, daß Menschen eines Volkes, daß Brüder aufeinander losgehen können. Im Magdeburger Dom hat in den Tagen um den 7. Oktober herum ein junger Mann für seinen Vater gebetet, der in der Uniform der Kampfgruppe auf der Straße stand. Ihm gegenüber.
Hier in der Josephsgeschichte ist die Frage, wer gewinnen wird, schon entschieden. Zehn große Brüder gegen einen kleinen. 'Werft ihn in die Grube, zieht Stacheldraht um ihn. Ruft ein paar Hundertschaften Polizei. Da kommt der Träumer, wir wollen sehen, wo seine Träume bleiben.' Immer, wenn die Hoffnungslosigkeit, die Resignation, die Verzweiflung ganz groß wurde, dann hat man sich diese Geschichte erzählt.
Nun sind wir hier, wir Träumer.
Wir waren solche Träumer, daß wir geglaubt haben, Beten würde etwas nützen. Was sind wir für Träumer, daß wir gemeint haben, Gebete um Gerechtigkeit und Frieden, um Wahrhaftigkeit und die Bewahrung der Schöpfung könnten in unserem Land erfüllt werden?
Es wird doch reichen, daß man ein paar Sicherheitsbeamte einschleust oder vor die Tür stellt oder ein paar Polizisten oder ein paar hundert Polizisten.
Aber mit den Träumen ist das so eine Sache. Wir können es ja an uns selber ausprobieren und uns selber befehlen: 'Diesen Traum will ich nicht mehr träumen.' Dann wachen wir morgens auf oder sitzen gedankenlos in der Straßenbahn oder arbeiten mechanisch und auf einmal ist der Traum da. Er überwindet alle Sperren, schlängelt sich um die Polizisten herum, läuft durch die Straßen. Die Träume verselbständigen sich, sind nicht zu fassen, nicht zu halten. Sind einfach da.
So hat sich der Traum von Gerechtigkeit und Frieden ausgebreitet, so hat sich unser Gebet erfüllt. Hier sind wir, wir Träumer, die wir davon geträumt haben, es würden einmal hier und in anderen Städten unseres Landes Menschen auf die

Straßen gehen und Reformen erzwingen. Was für ein Traum nach 40 Jahren Lethargie und der ständigen Rede: 'Man kann ja doch nichts ändern, es hat ja doch alles keinen Zweck, da kann man nichts machen.' Was für ein schöner, aber utopischer Traum. Da sind wir, wir Träumer. Auf einmal beginnt unser Traum zu leben, unabhängig von unserem eigenen Willen. Auf einmal ist es nicht nur ein Traum.
Hier sind wir, wir Träumer. Da haben doch Menschen tatsächlich davon geträumt, sie wären dem riesigen Sicherheitsapparat unseres Landes nicht mehr hilflos ausgeliefert. Sie haben gedacht, es werde einmal Untersuchungen und Entschuldigungen geben. Und wieder wird ein Traum wahr. Wir wollen allen danken, die nicht aufgehört haben zu träumen, die nicht aufgehört haben, für den Frieden und die Gerechtigkeit und die Menschlichkeit in unserem Land zu beten. Wir wollen Gott danken, daß er unsere Gebete erhört hat.
Noch sind nicht alle Träume erfüllt. Noch träumen wir davon, daß der Führungsanspruch einer Gruppe oder einer Partei nicht von dieser Gruppe, sondern von uns allen bestimmt wird. Doch träumen wir davon, daß wir einmal frei und offen Personen, Parteien und Meinungen frei wählen können – mal die einen und mal die anderen, so wie wir ihnen vertrauen.
Noch träumen wir davon, daß Kinder und Jugendliche in der Schule nicht in ihrem Selbstbewußtsein gebrochen, sondern darin bestärkt werden und nach ihren Fähigkeiten eingeschätzt und gefördert werden. Noch träumen wir davon, daß die Jugendweihe oder die Mitgliedschaft in den Pionieren oder der FDJ etwas ganz Freiwilliges ist, ohne jede Benachteiligung für die, die sich dafür oder dagegen entscheiden. Noch träumen wir davon, daß einmal alle Menschen gerne in diesem Land leben. Wir wollen nicht aufhören zu danken für die erfüllten Gebete und erfüllten Träume. Wir wollen nicht aufhören, weiter zu träumen und weiter zu beten. Wir wollen nicht aufhören, geduldig, gewaltlos aber unermüdlich auf diesem Weg zu bleiben."

(Pfr. H.-J. Sievers)

*Fürbittgebet vom 30. Oktober*

"Herr, unser Gott, wir danken, daß der Prozeß der Umkehr und Erneuerung, von dem so viele Menschen geträumt haben, in

unserem Land begonnen hat. Wir bitten, daß es ein unumkehrbarer Prozeß wird, der auch alle die ergreift, die noch zögernd abseits stehen. –
Wir danken, daß die Verantwortlichen für die Übergriffe der Polizei und der Sicherheitsorgane Worte der Entschuldigung gefunden haben. Wir bitten für alle, die noch an diesen Übergriffen leiden. Wir bitten für die, die wegen Befehlsverweigerung im Gefängnis sind, im Militärgefängnis in Schwedt und anderswo. –
Wir danken, daß so viele Menschen neu ins Nachdenken und Suchen gekommen sind. Wir bitten, daß wir in unserem Land zu einer Erneuerung an Haupt und Gliedern, zu neuen Grundlagen unseres Glaubens und Hoffens und des Zusammenlebens kommen. –
Wir danken, daß unsere Demonstrationen in Leipzig und den vielen anderen Städten unseres Landes so friedlich verlaufen sind. Wir bitten, daß jede Form von Gewalt vermieden wird. Wir bitten, daß wir unsere Aggressionen zurückhalten und auch andere besänftigen. –
Wir danken, daß so viele Träume anfangen, Wirklichkeit zu werden. Wir bitten, daß wir alle gemeinsam nicht aufhören zu träumen und zu beten."

Das Gebet wurde mit einem gemeinsam gesungenen "Kyrie" nach jedem Abschnitt unterbrochen und endete mit dem "Unser Vater".

### *Abkündigung vom 30. Oktober*

Abkündigungen und Gebet bildeten wieder eine Einheit. In den Abkündigungen hieß es:
"Unsere römisch-katholischen Brüder haben uns ernsthaft auf die Gefahren im Umgang mit Kerzen hingewiesen, zumal dann, wenn viele Personen auf engem Raum stehen oder gehen. Durch die in allen Kleidungsstücken verwendeten synthetischen Fasern ist die Brandgefahr außerordentlich ernst zu nehmen. In diesem Zusammenhang bittet die Volkspolizei darum, keine brennenden Kerzen auf die Fahrbahn zu stellen.
Ein Wort zur Kollekte am Ausgang. Über unseren eigenen Fragen und Problemen wollen wir die nicht vergessen, die keine Fürsprecher und nur wenige Helfer haben. Die Zentrale

'Brot für die Welt' bittet uns, 20 Tonnen Fertiggerichte mitzufinanzieren, die in Leipzig hergestellt werden, um nach Moçambique zu den sogenannten displaced persons, das sind Menschen, die keine Heimat mehr haben, gebracht zu werden."

In eigener Sache wurde in der Reformierten Kirche noch um Schreibmaschinenpapier gebeten. Das Herstellen der Liedzettel für die Gottesdienste verschlang soviel Papier, wie so schnell nicht wieder zu beschaffen war. Der Erfolg war überwältigend. In den nächsten Wochen wurde in der Gemeinde eine große Zahl Papierpakete abgegeben, die den Bedarf völlig deckten. Am meisten Anklang fand allerdings eine Abkündigung, die den allgemeinen Bekanntmachungen noch nachgereicht wurde. Ein Gottesdienstbesucher, der nur einen Platz an der Eingangstür bekommen hatte und nicht alles verstehen konnte, hörte nur etwas von einer guten und einer schlechten Nachricht, als die Kirche auf einmal von Beifall erschüttert wurde. Die gute Nachricht war, daß auch am nächsten Montag wieder zum Friedensgebet eingeladen, die schlechte, daß für den Abend dieses 30. Oktober die letzte Sendung der allseits verhaßten Fernsehsendung "Der schwarze Kanal" angekündigt wurde. In einem Rückblick auf diese jahrzehntelang jeden Montag ausgestrahlte Sendung schrieb ein Journalist, der Kommentator Karl Eduard von Schnitzler hätte seinen Zuschauern mit Nagelstiefeln in die Seele getreten. Von ihm stammte auch der Satz, daß man den Flüchtlingen, die über Ungarn, die Tschechoslowakei oder Polen das Land verließen, keine Träne nachweinen würde. Die vielen Eltern, die um ihre Kinder weinten, konnten das nur als eine Verhöhnung ansehen.
Auf einem der an diesem Abend erstmals zahlreich zu sehenden Transparente stand: "Lieber saubere Flüsse als schwarze Kanäle".

## Der Volkswitz entfaltet sich

Seit dem 30. Oktober gehörten Spruchbänder, Transparente und Slogans zu den Attributen der Demonstration. Die Leipziger und ihre oft von weit her zur Demo angereisten Gäste entfalteten einen nicht erwarteten Witz bei der Produktion immer neuer Verse und Forderungen. Diese Slogans hatten unterschiedliche Zielrichtungen. Manche riefen zur allgemeinen Wachsamkeit auf oder stellten die Forderung nach grundsätzlicher Erneuerung:

*Parolen von Ende Oktober*

"Wir haben kein Vertrauen mehr nach 40 Jahren DDR"
"So, wie wir heute demonstrieren, werden wir morgen leben"
"Erst Reformen – dann Bananen"
"Volksauge, sei wachsam"
"Demokratie – jetzt oder nie"
"Die Macht vom Land – nicht in einer Hand"
"Privilegierte aller Länder – beseitigt euch"
"Stasileute, Parteisekretäre und Diplomgesellschaftswissenschaftler, reist doch bitte aus"
"Vorschlag für den 1. Mai: Die Führung zieht am Volk vorbei"

Der Ausspruch von Erich Honecker "Den Sozialismus in seinem Lauf halten weder Ochs noch Esel auf" wurde abgewandelt in "Die Demokratie in ihrem Lauf halten weder Ochs noch Esel auf". Viele dieser Spruchbänder zielten direkt gegen Egon Krenz und bezweifelten seine Reformwilligkeit:

"Vergeßt die sieben Geißlein nicht, wenn Egon von Reformen spricht"
"Egon Krenz – wir sind nicht deine Fans"
"Krenzenlose Freiheit"

Auch andere Mitglieder des Politbüros gerieten in die Schußlinie wie der Verantwortliche für Kultur, Kurt Hager, oder der Chef der Gewerkschaften Harry Tisch:

"Hager – deine Reformen sind uns zu mager"
"FDGB mit Tisch ist wie Marmelade mit Fisch"
"Tischlein, bedeck' dich, Tischlein, versteck' dich!"

Vor Öffnung der Grenzen am 9. November wurde verlangt:

"Ohne Visa bis nach Pisa"
"Visafrei von Rostock bis Schanghai"

Nach der Grenzöffnung hieß es dann:

"Egon – rück das Westgeld raus"
"Ohne Geld in den Westen – Egon, du hältst uns zum besten"
"Erich, Egon, Eberhard – wo habt ihr unser Geld verscharrt ?"

Neben Honecker und Krenz war hierbei der damalige Vorsitzende der Freien Deutschen Jugend, Eberhard Aurich, gemeint.

Immer wieder wurden auch freie Wahlen gefordert:
"Freie Wahlen mit echten Zahlen"
"Nieder mit dem Wahlbetrug – 40 Jahre sind genug"

Natürlich war auch die SED und ihr Führungsanspruch ständig Ziel der Parolen der Demonstranten:
"SED – das tut weh"
"SED-Führungssucht treibt unser Volk in die Flucht"
"SED – Hochmut kommt vor dem Fall"

## Dank an die Bürger für Besonnenheit

*"Die Union" vom 2. November*

(DU) Die Abgeordneten, Nachfolgekandidaten und berufenen Bürger der Stadtverordnetenversammlung danken allen Bürgern unserer Stadt, die durch ihre Besonnenheit und Sachlichkeit einen friedlichen Verlauf der Demonstrationen in der Stadt Leipzig garantiert haben. Das gilt gleichermaßen auch für die Kräfte, die für die Aufrechterhaltung von Ordnung und Sicherheit verantwortlich waren.

In besonderer Weise danken sie Prof. Dr. Kurt Masur, Bernd-Lutz Lange, Dr. Kurt Meyer, Jochen Pommert, Dr. Roland Wötzel, Dozent Dr. Peter Zimmermann, Mitglied des CDU-Stadtkreisvorstandes, sowie den Leipziger Superintendenten Friedrich Magirius und Johannes Richter stellvertretend für viele.

Aus einem Bericht der Zeitung "Die Union", am 2. November 1989

## Friedensgebet vom 6. November

Am 6. November hatte erstmals eine politisch geprägte Gruppe – junge Menschen aus der Christlich-demokratischen Union – das Friedensgebet in einer der inzwischen sieben beteiligten Kirchen übernommen. Viele Mitglieder hatten jahrzehntelang unter der Umarmung der SED gelitten, einer Umarmung, an der sie zu ersticken drohten. Jetzt nutzten sie die Gelegenheit, sich in der Reformierten Kirche selbständig zu artikulieren. In ihrem Gebet sagten sie:

*Fürbittgebet vom 6. November*

“Herr, wir danken Dir, daß immer mehr Menschen montags die Kraft aufbringen, um für eine gerechte Gesellschaft im Gebet zusammenzukommen, und daß immer mehr Menschen den Mut finden, für ein lebenswerteres Leben auch auf die Straßen zu gehen. Wir danken Dir, daß durch Deinen friedevollen Geist die angestaute Wut sich nicht in Krawallen entlädt, sich die Menge der kaum Zählbaren aus freiem Willen gewaltfrei formiert.

Herr, wir bitten Dich, gib uns die Kraft, daß wir auch weiterhin friedlich bleiben, bei aller Unzufriedenheit und Ungeduld, mit der wir das Tempo der Reformen wahrnehmen.

Hilf durch uns der Gerechtigkeit in diesem Lande zum Sieg, damit wir durch Gerechtigkeit inneren Frieden zurückerlangen. Gib uns eine Freiheit, mit der wir die Freiheit anderer nicht beschneiden.

Herr, bewahre uns bei allen anstehenden Reformen vor einer Ellenbogengesellschaft, auch wenn wir dadurch nicht so reich wie die Menschen anderswo werden sollten.

Sorge dafür, daß wir als stolze Bürger unsere Provinzialität überwinden, aber auch unsere Selbstfixierung und Nabelschau: Öffne uns die Augen für unsere Mitverantwortung für die Welt, stärke uns, daß wir als freie Bürger die Solidarität mit Schwachen, Unfreien, Unterdrückten von selbst ganz neu und ehrlich finden, daß wir bei nicht mehr abgezwungener Solidarität aus freier Entscheidung neu zu teilen lernen.

Herr, deshalb bitten wir Dich für die, für die Veränderungen zu spät kommen, weil sie als Untertanen ihr Leben verlebten und darüber still und müde geworden sind.

Wir bitten Dich für die älteren Bürger, für Wehrlose und Schwache: Laß sie uns nicht in Vergessenheit geraten, wenn wir eine veränderte Leistungsgesellschaft schaffen.

Herr, wir bitten Dich für unsere Umwelt: Öffne unsere Herzen und Sinne, auf daß wir unsere Gesellschaft nicht zu Lasten der Umwelt erneuern und sie sich an unserer Gesundheit, uns und dem Leben unserer Kinder rächt.

Wir bitten Dich für unsere Schwestern und Brüder in China, in Rumänien und in der ČSSR: Gib ihnen Deine Kraft, daß sie ihren Weg zur Selbstbestimmung finden.

Wir bitten Dich vor allem aber auch für die Menschen der 3.Welt in ihrem unbeschreiblichen Elend: für die Gedemütigten, für die Hungernden, für die Entrechteten und die unter dem Joch der Apartheid Leidenden. Hilf ihnen gerade auch durch uns, ihre Not zu lindern und eine lebensfähige Sozialordnung zu finden."

*Abkündigung vom 6. November*

In den in allen Gottesdiensten dieses Montags verlesenen Abkündigungen hieß es:

"Der Leitung des Kirchenbundes evangelisch-reformierter Gemeinden, zu dem die Gemeinde in Leipzig gehört, ist folgendes Telegramm zugestellt worden:
'Liebe Brüder und Schwestern in Christus! In diesen Tagen verfolgen wir mit freudiger Anteilnahme Ihren gewaltlosen Einsatz zusammen mit vielen anderen Bürgern der DDR für einen gerechteren demokratischen Sozialismus und für die Bewahrung der Schöpfung im Sinne der Basler Versammlung 'Frieden in Gerechtigkeit'. Wir danken Gott für diese neue Hoffnung und bleiben in treuer Fürbitte und Solidarität mit Ihnen allen.

Jean Fischer
Generalsekretär der Konferenz Europäischer Kirchen'

Die Kirchen Leipzigs unterstützen die Einsetzung einer Untersuchungskommission zur Klärung polizeilicher Übergriffe im September/Oktober. Wir danken denen, die uns bisher Berichte zugestellt haben, bitten aber weiterhin, daß Betroffene, die sich aus Angst nicht melden, ihre Angst überwinden und sich den kirchlichen Stellen anvertrauen.
Auch heute danken wir wieder allen Teilnehmern an der letzten Demonstration für ihre Ruhe, Besonnenheit und Gewaltlosigkeit. Damit sind Maßstäbe gesetzt worden, die für sich sprechen. So muß es sein. So muß es bleiben. Bitte, sorgt mit dafür! Wir sind in Sorge, daß beim Vorbeiziehen an den Behörden der Sicherheitskräfte der Geist der Friedfertigkeit auf der Strecke bleiben könnte. Haß erstickt die Mitmenschlichkeit, Liebe aber macht sie möglich. Bedenkt das, sagt es denen, die neben euch gehen."

## Der Fall der Mauer

*Berlin, 9. November*

In der Nacht vom 9. zum 10. November begriff alle Welt, daß sich in der DDR dramatische Veränderungen vollzogen hatten. Als letzten, vergeblichen Versuch, sich an der Macht zu halten, hebt Egon Krenz die Reisebeschränkungen für Bürger der DDR auf. Wie eine Sturzflut ergießt sich der Strom der Menschen durch die Mauer, vom Fernsehen in jede Wohnung übertragen.

Wie überall, so ist auch in Leipzig am Montag darauf ein starkes Abnehmen der Zahl der Demonstranten festzustellen. Viele sind von der Reise noch nicht zurückgekehrt, andere meinen, jetzt das Hauptziel erreicht zu haben. Es fehlt jedoch nicht an Warnern, die vermuten, daß durch die Öffnung der Grenze lediglich die Stabilisierung der SED-Regierung erreicht werden soll.

An diesem 13. November, dem ersten Montag mit freier Grenze, hält Dozent Dr. Kähler vom Theologischen Seminar in Leipzig die Predigt beim Friedensgebet in der Nikolaikirche. "In diesen Tagen ist soviel geschehen, daß es uns die Sprache verschlug", sagt er. "Sieben Montage zogen die Leipziger um ihre Stadt und riefen '*Wir* sind das Volk', und dann fiel die Mauer wie von selbst. Das ist eine friedliche Revolution und als friedliche Revolution ein Wunder."

## Friedensgebet junger Theologen

Junge Theologen, die am Ende ihrer praktischen Ausbildung standen, engagierten sich wie viele andere Gruppen. Zukünftige Pfarrerinnen und Pfarrer aus dem Predigercolleg St. Pauli bereiteten zusammen mit ihrem Studieninspektor das Friedensgebet für den 20. November vor. Für die Predigerin war es gleichzeitig die Examenpredigt.

*Reformierte Kirche, Montag, 20. November*

"O Jerusalem, ich will Wächter auf deine Mauern bestellen, die den ganzen Tag und die ganze Nacht nimmer stillschweigen wollen und die des Herrn gedenken sollen; auf daß bei euch

kein Schweigen sei. Und ihr von ihm nicht schweigt, bis Jerusalem zugerichtet und gesetzt werde zum Lobe auf Erden.
Gehet hin, gehet hin durch die Tore, bereitet dem Volk den Weg; machet Bahn, machet Bahn, räumet die Steine hinweg; werft ein Panier über die Völker!
Siehe, der Herr läßt sich hören bis an der Welt Ende: Saget der Tochter Zion: Siehe dein Heil kommt; siehe sein Lohn ist bei ihm und seine Vergeltung ist vor ihm." (Jes 62, 6-7, 10-12)

Nach dieser Schriftlesung wird eine Pantomime gezeigt. Drei Personen bekommen Schnüre an die Hände gebunden, drei andere stellen sich hinter sie auf Stühle und bewegen die Arme der vor ihnen Stehenden. Mal werfen sie im Takt jubelnd die Hände hoch, mal werden die Hände so bewegt, daß sie rhrythmisch klatschen. Zuletzt reißen die so Geleiteten sich von den über ihnen Stehenden los.

*Text der Ansprache:*

"Liebe Gemeinde, liebe Gäste!
Was denkt einer, der über 40 Jahre nur von oben die Fäden dirigierte, mit den Fäden in der Hand ist er alt geworden. All die Jahre sind sie bei ihm zusammengelaufen, damit er sie führt.
Um Überblick zu behalten, hatte er sich etwas höher gestellt – ein Bessergestellter – sagen wir zu ihm.
Er wollte, daß es ihm gut geht und er hatte ein paar Dinge für sich gesichert – Privilegien – sagt ein fremdes Wort.
Er wollte führen, halten, wollte die Fäden ganz fest halten und hat sie zu fest gehalten, wir haben es gespürt – was aber soll er jetzt machen?
Was soll er machen; die da unten, sie werden ihm kaum glauben, wenn er hinuntersteigt, kennen sie doch nur seine Stricke und bestenfalls seine geputzten Schuhe. Und wir?
Nach unserem Marionettendasein in all den Jahren sind nun die Spuren der Stricke da, an unseren Händen, an unseren Herzen, an den Gedanken.
Allzuoft sind wir nur der Bewegung gefolgt, wir brauchten uns nicht selbst zu bewegen.
Und wenn mal ein Schrittchen gelang, schnell war die Bandbreite des Fadens wieder erschöpft.

Wir sind zwischen Müdigkeit und Hoffnung, zwischen Nischendasein und ganz privater Müdigkeit hin- und hergetaumelt.
Manchmal haben wir die Stricke an der Hand fast vergessen, bis sie uns dann wieder sehr verletzten.
Die Hände des Volkes, angekettet und geführt vom Führungsanspruch einer einzigen Partei – noch immer ist das nicht ganz vorbei!
Aber man hat die Stricke locker gelassen, so locker, daß wir bisher ungeahnte Schritte tun, ohne dabei über Mauern steigen zu müssen!
Die Unmöglichkeit der ersehnten freieren Bewegung, sie wurde zur Realität eines Tages.
Verschlafen drehen und strecken wir uns, wir öffnen die Augen. Ja wir haben angefangen uns zu befreien. Wir haben begonnen, die Kraft in unseren Händen und nicht mehr nur an unseren Händen zu spüren.
Aber wir merken auch den Ärger in unserem Bauch und wir laufen los. Und der Ärger im Bauch formt sich in Worte, bis ganze Spruchbänder daraus werden, die nun sogar in der Tagespresse zu lesen sind.
Kommen Sie, hängen wir die Stricke für immer in den Wind!
Probieren wir unsere Bewegungen eigenständig, wie wir nun endlich sind.
Was aber, wenn die Drahtzieher als Hinterlassenschaft ein Meer von Problemen und Fragen über uns ausschütten, mehr als wir erfassen können?
3/4 der Bäume dieses Landes sind zerstört, und die Millionen Tonnen Schwefeldioxide über Leipzig mag ich gar nicht mehr zählen, muß ich sie doch ständig einatmen.
Was wird aus den Kindern, deren allseitiges Wachstum beständig gehemmt wurde, und was wird aus ihren Lehrern? Und was wird aus den Planern, die so genial verplanten, bis ihre Planwirtschaft fast am Boden lag?
Ich weiß auf so viele Fragen keine Antwort, ich bin ratlos, und mitten hinein in meine Wortlosigkeit erreicht mich der Text Jesajas.
Jesaja, oder wie auch immer sich sein Schüler nennen mag, kennt, so kommt es mir vor, mein Problem und schreibt in dieser mir verwandten Lage:

Ich, Jesaja, ich lebe hier und ich will hier bleiben. Und deshalb sage ich allen, die es auch wollen: Paßt jetzt auf! Seid wie Wächter, die auf eine Mauer geklettert sind!
Betet, ruft, mahnt, daß es endlich gut werde, in dieser großen Stadt, in diesem kleinen Land.
Gebt Gott keine Minute Ruhe, daß er uns gerade jetzt nicht losläßt, daß er uns weiterführt – gerade jetzt!
Hinter uns liegt die Wende. Nach über 40 Jahren sind endlich Meilensteine der Befreiung gesetzt worden. Der Anfang ist gesetzt, aber weitermachen müssen wir jetzt selbst.
Ja, unsere Situation ist schlimm. Die Ruinen unserer Stadt, die grauen Fassaden, die leeren Geschäfte, die kaputten Straßen – all das wird uns kaum Mut geben hierzubleiben. Wir sehen, wie unsere Werte zerstört wurden und aus den Trümmern unseres Tempels ein anderer Sieg gefeiert wurde.
Mühsam setzen wir ein neues Steinchen auf das alte, wir arbeiten nächtelang an Konzepten für ein gerechtes und eigenverantwortliches Land. Aber an allen Ecken fehlen so viele, das merken wir jetzt erst recht. Einst wurden sie weggeführt, und wir wissen noch nicht, ob sie einmal zurückkehren werden.
Und doch – ich, Jesaja, ich weiß einen, der das alles kennt und der für euch da ist, der geblieben ist aus allen Zeiten und der auch jetzt da ist, das ist unser Gott.
Betet zu ihm, laßt euch von ihm trösten, dem Gott, den ihr noch kennt aus der Zeit der Einsamkeit und der Gefangenschaft. Denn der Gott, der mit uns gefangen war, der begleitet uns auch jetzt in die Freiheit.
Der Gott, der sich mit uns gefangennehmen ließ, der geht auch und gerade jetzt mit uns auf den vielen verschiedenen Wegen der Freiheit!
Und deshalb – habt wieder Mut!
Verändert euer Land so, daß viele gern zurückkehren wollen. Nehmt Steine weg, tragt Mauern ab, stellt Wegweiser auf, setzt Züge ein!
Gebt euch neue Namen und neue von allen getragene Inhalte! Habt Mut zur Phantasie, zur Kreativität; Mut, euch etwas Eigenes zuzutrauen, aber auch Mut zum gewaltlosen Aufbruch immer wieder.
Vieles wird nicht gleich gelingen, laßt euch auch davon nicht

erschrecken, sondern fangt immer wieder an, die besten Lösungen zu suchen.
Denn bei all dem ist Gott da als bergendes und aufrichtendes Gegenüber.
Denn der Gott, der mit uns gefangen war, der mit uns gelitten hat, der begleitet uns auch jetzt in die Freiheit."

Beate Schelbach-von Kirchbach

## Gebetsanliegen aus der Thomaskirche

In der Thomaskirche befindet sich im linken Seitenschiff eine Tafel mit der großen Überschrift "Ich bitte dich, daß du für mich betest, weil..." Von den vielen Zetteln mit Gebetsanliegen spiegelten viele etwas wider von den Ereignissen der Zeit, den Problemen eines geteilten Landes und den Sorgen um die weitere Entwicklung des Landes. Im folgenden einige dieser Gebetstexte:

"Hilf den letzten Anhängern der SED-PDS und sonstigen verwirrten Köpfen, daß ihnen die Augen geöffnet werden und sie die Verfehlungen von 40 Jahren kommunistischer Diktatur erkennen. Gruß aus Frankfurt"

*

"Lieber Herr Jesus und Jungfrau Maria
Bitte hilf uns,
- daß unsere schwerkranke Tochter genesen wird und ihr Herzfehler heilbar ist.
- daß unser ausgereister Sohn sein Heimweh überwindet und sich in der neugewählten Heimat eine gesicherte Zukunft schafft.
- daß alles, wofür wir noch vor wenigen Wochen auf die Straße gingen, gut wird.
- daß wir durch die kommende freie Marktwirtschaft nicht erwerbslos werden.
- daß die hektische Zeit unser Familienleben nicht zerstört."

*

"Herr Jesus, bitte hilf, daß mein Bruder auch auf dem Weg, den er sich im anderen Teil unseres Landes gesucht hat, nicht allein bleibt und wieder zu dir und zur Familie zurückfindet."

"Wir bitten, daß alle unsere Freunde, die uns hier verlassen haben, auch in einem neuen Land ihren Frieden finden und uns nicht vergessen.

Anja und Astrid"

*

"Hilf, daß der Geist der DDR-Revolution nicht verloren geht, sondern auch in der BRD ansteckt. Auch dort ist es nötig, wenn auch anders als im November hier.

Christian (BRD)"

*

"Lieber Gott, ich bitte dich, daß wir, wenn es ein einig Deutschland gibt, alle Probleme gut überstehen, und daß alle fest zusammenhalten!"

*

"Gott schütze dieses Land vor Ausbeutung."

*

"Weil die, die ich liebe, im Streß unserer heutigen Zeit sich auseinanderleben, weil aus Liebe meist Haß statt Freundschaft wird, gib uns Kraft für ein friedliches Für- und Miteinander.

Solvig"

### Der Staatsssicherheitsdient im Zwielicht

Zwei große ineinandergestellte M bilden eines der Wahrzeichen von Leipzig. "Muster-Messe" sollen diese beiden Buchstaben ausdrücken. Die Leipziger benannten dieses Wahrzeichen um in "Messe- und Montagsstadt". Montag für Montag zogen sie zu Hunderttausenden um den Ring. Jeden Montag stockte an der sogenannten "Runden Ecke", dem Hauptgebäude des Staatssicherheitsdienstes, der Zug der Demonstranten. "Faulenzer" riefen sie oder sangen "Stasi in die Volkswirtschaft". Vertreter des Neuen Forums bildeten dort regelmäßig eine Postenkette, um so den Sicherheitsdienst zu sichern.
Von Mitte September bis Anfang November schien jeder Gottesdienst von Vertretern des Sicherheitsdienstes besucht. Zugleich gab es untrügliche Zeichen, daß die Telefone der meisten Pfarrer abgehört wurden. Dann hörte das Knacken in der Leitung plötzlich auf. (In der "Runden Ecke" entdeckte

man einige Wochen später eine Anlage, mit der 2000 Telefongespräche abgehört werden konnten.) In der Stadt erzählte man sich, daß beim Sicherheitsdienst Akten vernichtet würden. Am 4. Dezember wurde während der Demonstration das Gebäude von Mitgliedern eines Bürgerkomitees besetzt. Das Wunder geschah, daß ein Sicherheitsdienst, der jahrzehntelang an der Sicherung seiner Macht gearbeitet hatte, über Nacht in sich zusammengebrochen war.
In den Friedensgebeten eine Woche danach wurde die Gemeinde in den Abkündigungen auf folgende Weise informiert:

**"Verschleierungsversuche verhindern!"**

*Abkündigung vom 11. Dezember*

"Am Montag, den 4. Dezember, haben Mitglieder des Neuen Forums, des Demokratischen Aufbruchs, der Vereinigten Linken und andere Bürger Einlaß erhalten in die bisherige Bezirksverwaltung des Ministeriums für Staatssicherheit. Es wurde im Verein mit einem Bevollmächtigten der Regierung der DDR, dem Militärstaatsanwalt und dem Staatsanwalt das gesamte Gebäude gesichert, die Akten verschlossen und die Nachfolgeeinrichtungen mit einbezogen. Diese Objekte werden von der Volkspolizei bewacht.
Im Verlauf dieser Aktion hat sich ein Bürgerkomitee gebildet, das sich die Aufgabe gestellt hat, im Einklang mit der parlamentarischen Legitimierung durch die Regierung Modrow Archive und Beweismaterial aus dem Bereich des ehemaligen Ministeriums sicherzustellen und Verschleierungsversuche zu verhindern. Darüber existiert ein Maßnahmenplan und eine Presseerklärung, aus denen Einzelheiten und Arbeitsweise hervorgehen."

Die Demonstrationen bekamen nach der Öffnung der Grenze von Montag zu Montag ein anderes Gesicht. Die früher alle verbindende Solidarität schwand langsam aber sicher dahin. Die ersten Deutschlandfahnen tauchten auf. Sprechchöre riefen die eine Zeile aus der schon lange nicht mehr gesungenen Nationalhymne der DDR: "Deutschland einig Vaterland". An die Stelle von "Keine Gewalt" traten Anpöbelungen. Bei der

jeden Montag um 18 Uhr vom Neuen Forum organisierten Kundgebung auf dem Karl-Marx-Platz vor der Oper wurden die ausgepfiffen, die zur Besonnenheit mahnten. Die Gottesdienste waren noch voll, doch inzwischen konnten auch die, die zu spät kamen, noch einen Platz finden. Es bestand ein direkter Zusammenhang: Je weniger stark die Gottesdienste besucht und um den Frieden gebetet wurde, desto größer wurde die Aggression auf der Straße.
Die Sorge darüber läßt sich noch im nachhinein in den Formulierungen der Abkündigungen nachlesen:

## "Keine Pauschalurteile"

*Abkündigung vom 27. November*

"Wir mußten feststellen, daß sich in letzter Zeit, auch zu den Demonstrationen, Pauschalurteile gegen bestimmte Personengruppen durchsetzen. So gegen Mitglieder der SED oder auch gegen Ausländer. Die Geschichte deutscher Schuld hat auch mit Worturteilen begonnen. Es hat nicht lange gedauert, und sie ist in tätlichen Haß umgeschlagen. Das darf nicht sein. Wir bitten euch: Wehrt diesen Anfängen, wenn ihr ihnen begegnet. Auch heute, bei der Demonstration."
Zwei Wochen später klang es noch dringlicher:

## Aufruf zum Schweigemarsch

*Abkündigung vom 11. Dezember*

"Wir bitten euch weiterhin: Prägt die Demonstration mit dem Geist der Gewaltlosigkeit und Friedfertigkeit. Morddrohungen und angsterzeugende Parolen vergiften die soeben erst gewonnene Freiheit und Aufrichtigkeit. Wir wollen uns die friedlichen Ergebnisse der letzten Monate nicht durch unverantwortliche Schreihälse kaputtmachen lassen!
Darum empfehlen wir: Laßt uns am kommenden Montag einen Schweigemarsch halten. Nachdenken und Besinnen, Gedenken an alle Opfer von Gewalt und Stalinismus sind die Motive,

die wir durch eine Schweigedemonstration zum Ausdruck bringen wollen."
Eine Woche vorher hatte es eine Lichterkette durch die DDR gegeben. Aufgerufen wurde dazu aus einem Greifswalder Friedensgebet.

### "Ein Licht für unser Land"

*Aufruf zur Menschenkette am 3. Dezember*

"Aus einem Greifswalder Friedensgebet kommt die Initiative, am Sonntag, den 3. Dezember, am 1. Advent, von 12.00–12.15 Uhr eine Menschenkette durch die DDR zu bilden. Sie wird ein Zeichen der Hoffnung und Entschlossenheit für die demokratische Umgestaltung in unserem Land sein. Die Menschenkette soll entlang der Fernverkehrsstraße 96 von Saßnitz bis Zittau und entlang der Fernverkehrsstraße 2 von Hirschberg bis Schwedt/Oder führen. Alle Bürger aus Städten und Gemeinden an den genannten Fernverkehrsstraßen werden aufgerufen, sich am 1. Advent mit Lichtern und Transparenten dort aufzustellen. Bürger aus Städten und Gemeinden, die nicht an der F96 und F2 liegen, kommen bitte dorthin oder fügen sich über ihre Straßen in die Menschenkette ein.
An diesem Tag wollen wir uns die Hände reichen und damit demonstrieren, daß uns in der gegenwärtigen Krise Verantwortung und Zuversicht für unser Land verbinden."

### Die evangelischen Kirchen zum "Runden Tisch"

*Berlin, 8. Dezember*

"Liebe Mitbürgerinnen und Mitbürger, liebe Mitchristen!
Diese Tage sind erfüllt von Hoffnungen und Ängsten. Gemeinsam wurde eine friedliche Revolution herbeigeführt. Friedensgebete haben den Geist der Versöhnung in die Demonstrationen getragen. Er hat die Gewaltlosigkeit und Friedfertigkeit gestärkt. Dafür sind wir dankbar. Jetzt gilt es, das Erreichte vor Gefahren zu schützen. Wir bitten darum, daß uns der Geist der Versöhnung weiterhin bestimme.
Wie soll es bis zu freien Wahlen weitergehen? Auf keinen Fall dürfen die lebensnotwendigen Ordnungen in unserem Land

zusammenbrechen. Das Land muß regierbar bleiben. Die Versorgung muß funktionieren. Die Wirtschaft darf nicht noch mehr geschwächt werden. Unsere Währung darf nicht weiter gefährdet werden, schließlich steht der Wert unserer Arbeit hinter unserem Geld. Die medizinische und soziale Hilfe muß für alle gewährleistet bleiben. Der Friede in der Gesellschaft muß gestärkt werden. Dafür trägt jeder von uns in seinem Lebensbereich mit seiner Arbeit und seinem politischen Einsatz Verantwortung.

Allein Besonnenheit und Nüchternheit helfen uns weiter.

Die ersten Schritte auf dem neuen Wege sind entscheidend. Wenn wir jetzt schon stolpern und fallen, können wir das Ziel nicht erreichen. Nicht unser Wunschdenken, sondern verantwortliche Arbeit hilft jetzt weiter. Die friedliche Revolution darf nicht gefährdet werden. Das Gespräch am Runden Tisch hat begonnen. Der Runde Tisch hat eine wichtige Aufgabe. Er versucht die Übergangszeit bis zu freien Wahlen zu überbrükken. Er will die politischen Kräfte unserer Gesellschaft zu gemeinsamer Verantwortung für die jetzt nötigen Schritte sammeln.

Er will vorbereiten, was das Volk in freier Wahl und Volksentscheid selbst zu bestimmen hat.

In diesen Tagen haben wir die Achtung vor der Würde des Anderen und den Willen zum Zusammenstehen erneut zu bewähren. Trotz unseres Zornes über aufgedeckte Gewalt, Lüge und Veruntreuung dürfen wir nicht in Haß und Rachegedanken verfallen. Die Achtung der Menschenwürde ist unteilbar. Selbst die Schuldigen haben noch an ihr teil. Niemand, auch wir nicht, können unsere Hände in Unschuld waschen. Das sagen wir als evangelische Kirche von uns selbst. Wir haben schon vor Jahren öffentlich geredet, als viele noch schwiegen. Aber wir haben auch oft geschwiegen, wo wir hätten reden sollen. Die beständige Suche nach Hauptschuldigen in unserer Gesellschaft und ihre öffentliche Verurteilung entlasten nicht. Sie dürfen den nüchternen Blick für die Gegenwart nicht verbauen.

Nur der Geist der Versöhnung macht uns frei, die Aufgaben der Gegenwart mutig zu lösen und die Möglichkeit der Zukunft zu ergreifen.

Wir haben den Geist der Versöhnung in den letzten Wochen gespürt.
Laßt uns daran festhalten und die Gewaltlosigkeit und Friedfertigkeit festigen. Wir bitten alle darum. Wir laden weiter zu Friedensgebeten ein. Wir vertrauen auf Gott, Er wird uns zum Ziel führen. Sein Friede sei allezeit mit uns allen.

Konferenz der Ev. Kirchenleitungen in der DDR
Landesbischof Dr. Werner Leich, Vorsitzender"

Erklärung der Konferenz der Evangelischen Kirchenleitungen in der DDR am 8. Dezember 1989. Presseinformation Nr. 43/89 der Pressestelle des Bundes der Ev. Kirchen in der DDR.

## Der letzte Montag vor Weihnachten

*18. Dezember*

Der Ökumenische Arbeitskreis sah die zunehmende Radikalisierung mit großer Sorge. Aus dieser Sorge heraus wurde kurzfristig der Plan für eine Schweigedemonstration noch einmal abgeändert und vorgeschlagen, einen Ring um das Stadtzentrum zu bilden. Aufgerufen wurde, Kerzen mitzubringen und schweigend zu verharren, während die Kirchenglocken läuteten. So geschah es dann auch.
Zuvor war in den Gottesdiensten noch einmal zurückgeblickt worden. In der Thomaskirche sprach Superintendent Richter zu der die Kirche füllenden Gemeinde.

## Fürbittgebet von Superintendent Richter

*Thomaskirche, 18. Dezember*

"Liebe Freunde!
An diesem Montag halten wir zum letzten Mal in diesem Jahr das Fürbittgebet in unserer Kirche. Unser Blick geht zurück auf den 9. Oktober. Da waren wir zum ersten Male in unserer Kirche zum Fürbittgebet zusammen. Wir erinnern uns an diesen Tag noch sehr deutlich. Uns stockte das Blut in den Adern. Was wir wußten, war so beängstigend, daß es uns fast die Sprache verschlagen hat. Dann haben wir gesungen, haben auf das Wort der Bibel gehört, haben gebetet und sind in eine

Ungewißheit hinausgegangen, in der alles möglich sein konnte. Wir hatten die mahnenden Worte unseres Bischofs im Herzen und hörten den Aufruf in letzter Minute der Sechs von Leipzig. Und dann ereignete sich das Wunder von Leipzig. Eine überwältigend große Demonstration zog unbehelligt rund um die Innenstadt. Der Schatten vom Platz des Himmlischen Friedens in Peking war gebannt.

Unser Blick geht zurück auf die Wochen, die zwischen diesem denkwürdigen Montag liegen und dem heutigen Tag. Wir sind Zeugen einer atemberaubenden Entwicklung geworden. Unvorstellbares, ja Undenkbares hat sich seither ereignet. Eine friedliche Veränderung ohnegleichen hat unser Land erfaßt. Noch stehen wir in diesem rasanten Umbruch. Noch sind wir nicht zuende damit. In die großen Hoffnungen und Erwartungen dieser Tage mischen sich Sorgen. Es sind Sorgen um den ruhigen und friedlichen und gewaltlosen Fortgang der Bewegung. Es sind Sorgen darum, daß wir schon wieder fremdbestimmt unsere Entscheidungen zu treffen haben. Es sind Sorgen darum, ob genug Sachkompetenz und Uneigennützigkeit zum Zuge kommen wird. Es sind Sorgen, ob wir nach den unendlich langen Jahren der Gängelung und Demütigung nun genügend langen Atem haben, um mit Geduld, Entschiedenheit und Augenmaß unseren Weg zu suchen und zu gehen. Es sind Sorgen, ob es uns gelingen wird, eine versöhnte Gesellschaft aufzubauen, in der sich alle Menschen, gleich welcher Weltanschauung oder politischen Überzeugung – sofern es sich nicht um neonazistische handelt –, sicher und geborgen fühlen können.

Und unser Blick fällt auf uns selbst. Auf das, was Kirche war, was Kirche ist und was Kirche sein wird. Wir sind in eine Rolle gekommen, die wir uns nicht gesucht haben und an die wir nicht im Traum gedacht haben. Unversehens sahen wir uns einem Vertrauenspotential von allen Seiten gegenüber, das uns beschämt und beglückt hat. Die Durchsichtigkeit und die Lauterkeit im Reden und Handeln ist zur späten Frucht des Samens geworden, den unsere Väter bereits vor uns gesät haben.

Wir wissen auch, daß Vertrauen kein Erbhofbesitz ist. Es muß immer neu bewiesen und begründet werden. Sonst geht es verloren.

Ich bin in den letzten Wochen oft gefragt worden, wie ich die Rolle der Kirche beschreiben würde. Mir ist immer wieder das gleiche Wort eingefallen. Es steht im Lukasevangelium im 17. Kapitel im 10. Vers: 'Wenn ihr alles getan habt, was euch zu tun aufgetragen ist, so sprecht: Wir sind unnütze Knechte, wir haben getan, was wir zu tun schuldig waren.'

Die Frage bleibt also: Wie wird es weitergehen? Werden wir weiterhin den uns anvertrauten Schatz bewahren und zum Wohle der Menschen einsetzen können? Oder wird er uns verloren gehen, früher oder später?

Die Antwort gibt für mich der Text aus dem Johannesevangelium im 15. Kapitel im 4. Vers:

'Bleibt in mir und ich in euch, denn ohne mich könnt ihr nichts tun!' Ich bin fest davon überzeugt: Damit wird deutlich das Profil der Kirche, das Profil der Christen umrissen. Wir gehen auf eine pluralistische, säkulare demokratische Gesellschaft zu. Unsere Stimme wird demzufolge auch nur eine unter anderen sein. Umso wichtiger ist es, daß wir unseren eigenen Grund kennen, in dem wir wurzeln und aus dem wir leben.

Die Jünger Jesu werden gemahnt, in ihrem Herrn zu bleiben. Ihnen wird in Aussicht gestellt, daß das Bleiben in Ihm zur Folge hat, daß der Herr bei seinen Jüngern bleibt. Und es wird der provokante Satz gesagt: Ohne mich könnt ihr nichts tun.

Bleiben: Das hört sich an wie unbeweglich sein.

Bleiben: Das kann als reaktionäres Verhalten gedeutet werden. Bleiben: Das kann in Starrsinn umschlagen.

Aber: Bleiben ist doch wohl noch mehr. Es heißt: Bei der Sache sein! Und was wäre das?

Bei der Sache sein heißt, bei der Sache Jesu sein. Und Jesus ist für uns Christen der Garant des Lebens. Er ist es, der die Liebe zum Gegenstand seines Redens und Tuns gemacht hat. Er ist es, der Versöhnung gelebt und verkündet hat.

Die wirtschaftlichen und die politischen Fragen werden hoffentlich bald sachgerecht und fair einer tragfähigen Lösung zugeführt werden. Das wird nicht ohne Meinungsunterschiede und nicht ohne Meinungsstreit abgehen.

Die Fragen nach der Herstellung der Menschenrechte ist eine ständige Aufgabe aller verantwortungsvollen Menschen, ganz gleich, welche Anschauung sie vertreten.

Die Frage nach dem Leben, die Frage nach der Menschenwürde indessen ist und bleibt für uns immer die Frage Jesu Christi an uns als Kirche, an uns als Christen. Hier sind wir herausgefordert. Hier haben wir uns einzumischen. Hier haben wir Rede und Antwort zu stehen. Hier haben wir mit unserem Tun und Lassen Zeugnis zu geben.
Es geht also nicht darum, daß wir uns ins Glashaus unserer Innerlichkeit zurückziehen. Unser Herr war überall, nur nicht dort! Ja, das Symbol des Kreuzes steht für den Ort, an dem unser Herr war, wo er gelebt und gelitten hat, wo er gestorben ist! Das Kreuz ist für uns kein Zeichen des Triumphes. Es ist das Zeichen der Erniedrigung. Aber es ist zugleich das Zeichen der Versöhnung, der Hingabe, der Liebe. Die Würde eines jeden Menschen ist von da her ableitbar. Das Leben, unser Leben, war und ist ihm so viel wert, daß er den Weg ans Kreuz ging. Wo sich unser Denken, Reden und Tun darauf beruft, werden wir auch in der Zukunft ein gewichtiges Wort mitreden können. Wo wir diesen Grund verlassen, werden wir nicht mehr als eine Meinung unter anderen darstellen. Im Bleiben in ihm haben wir den Weg bisher zurückgelegt. Im Bleiben in ihm wollen wir unseren Weg in die Zukunft gehen. Amen."

Die Predigt in der katholischen Propsteikirche hatte Pfarrer Sievers von der benachbarten Reformierten Kirche übernommen. Verständlich, daß auch er den Blick zuerst zurück wandte.

## Predigt von Pfarrer Sievers

*Propsteikirche, 18. Dezember*

"Liebe Montagsgemeinde!
In der evangelischen Kirche wird jedes Jahr ein Bibelwort, ein Spruch als Jahreslosung ausgewählt. Für 1989 war es der Satz aus der Apostelgeschichte:
'Keinem von uns ist Gott fern.'
Wer hätte am Anfang des Jahres denken können, daß wir dieses Jahr so deutlich spüren, daß Gott uns nahe ist. Woche für Woche halten wir unsere Friedensgebete. Woche für Woche haben wir unsere Bitten wiederholt, haben um Entlassung der Strafgefangenen gebetet, um Veränderung in unseren Nach-

barländern. Wir haben dafür gebetet, daß Mauern fallen und Menschen einmal frei reisen können. Wir haben gespürt, wie ein Gebet nach dem anderen erfüllt worden ist. Wir haben gespürt, wie Gott uns nahe ist.
Wer hätte ahnen können, daß wir die Wahrheit der Jahreslosung so spüren – unabhängig davon, ob wir Mitglied einer christlichen Kirche sind oder nicht.
Das ist ja eine der beglückenden Erfahrungen dieses Herbstes, daß wir unabhängig von unserem Glaubensbekenntnis so fest zusammengestanden haben. Es heißt in dem Bibelwort nicht: 'Den Christen ist Gott nahe.' Es heißt: 'Keinem von uns ist Gott fern.' Wir wollen danken, daß wir in diesen bewegten Monaten die Nähe Gottes so gespürt haben.
Wenn wir jetzt zurückblicken, so werden jedem von uns andere Erlebnisse besonders eindrücklich sein. Mir steht immer noch vor Augen, wie einer der Polizisten in der Absperrkette am 7. Oktober ständig geweint hat. Damals wurde mir deutlich, daß das Feindbild nicht stimmte: Jeder Uniformträger ist ein Vertreter der alten Macht. Wenn jetzt Vertreter der Volksarmee und der Polizei so deutlich sagen: 'Wir stehen auf eurer Seite', dann ist das für mich ein großes Wunder.
Tränen sind mir auch in anderer Weise eindrücklich geblieben. Am 2. Oktober waren wir zu dritt auf der Straße inmitten der vielen Menschen, die am Tröndlinring die Polizei und die Kampfgruppe umgingen oder durchzubrechen versuchten. Der junge Mann, der bei uns war, hielt auf einmal Abstand zu meiner Frau und mir. Später bekannte er, daß es ihm nicht gelungen war, die Tränen zurückzuhalten. Tränen aus Erregung darüber, daß man mit einem Mal auf die Straßen gehen und die eigene Meinung sagen konnte, aus Erregung darüber, daß man mit einem Mal spürt, wie man erwachsen geworden ist. Ich denke, viele von uns haben in den vergangenen Monaten dieses Gefühl durchlebt und viele haben geweint oder sind doch den Tränen nahe gewesen. Wir brauchen uns dieser Tränen ganz sicher nicht zu schämen.
Ich will noch etwas erwähnen von dem, was mir vor Augen steht, wenn ich in Gedanken noch einmal die zurückliegenden Wochen durchschreite. Am 2. Oktober blieb eine Frau in unserer Kirche zurück und sprach mich an. Ihre ersten Worte

waren: 'Ich habe Angst.' Sie erzählte, daß sie seit einigen Tagen nichts mehr von ihren Kindern wußte. Die Tochter war mit ihrem Kind in die ČSSR nach Prag gefahren, um über die Botschaft der Bundesrepublik auszureisen. Der Sohn wollte versuchen, nach Warschau zu kommen. Eine mühsam aufgebaute und zusammengehaltene familiäre Welt war zusammengebrochen. Was wird werden?
Wir verstehen die Angst, auch wenn wir selber familiär nicht so betroffen sein sollten wie diese Frau und Tausende andere. Viele Menschen haben Angst vor der jetzt so ungewissen Zukunft. Wird menschlich, wirtschaftlich noch viel mehr zusammenbrechen? Was wird dann kommen? Wird es weiterhin so friedlich bleiben? Ich denke, auch dieser Ängste braucht sich keiner zu schämen.
Ich habe dieser Frau nur eines sagen können: Gleichgültig wo wir sind, keinem von uns ist Gott fern. Wir können nur um Gottes Nähe bitten bei allem, was wir tun und was geschieht.
Ich habe der Frau dann die Zeile eines Liedes zitiert. Ich habe ihr gesagt: 'Hoffentlich kommt die Zeit, da nie eine Mutter mehr ihren Sohn beweint.' Dabei habe ich auch an die Töchter und an die Väter gedacht. 'Hoffentlich kommt die Zeit, daß Menschen gerne hier bleiben und gerne hier leben!'
Dieses Lied hat noch manche andere Zeilen. Ich will den Anfang zitieren. 'Auferstanden aus Ruinen und der Zukunft zugewandt.'
Wir durchleben jetzt den Zusammenbruch einer Gesellschaftsordnung. Wir leben hier in Leipzig inmitten vieler Ruinen und wir hoffen alle, daß es eine Auferstehung aus diesen Ruinen gibt.
Als Johannes R. Becher dieses Lied dichtete, da hat er freilich auch an andere Ruinen gedacht. Deutschland war voller menschlicher Ruinen, voller zerstörter Menschen.
Ein Haus ist schneller wieder aufzubauen als ein Mensch, der zur Ruine geworden ist. Wir alle leben inmitten zerstörter Häuser und inmitten vieler Menschen, die zu Ruinen geworden sind. Wenn wir ehrlich sind, sind auch wir alle mit angeschlagen, mit zerstört worden. Mehr oder weniger.
Wenn wir unsere ruinöse Stadt wieder aufbauen, brauchen wir unseren eigenen Einsatz, wir brauchen aber auch fremde Hilfe.

Gehen wir daran, die vielen menschlichen Ruinen wieder zu heilen, dann brauchen wir gegenseitig Verständnis und Hilfe. Ich will uns Mut machen, daß wir uns miteinander diese Hilfe nicht versagen.
Es gibt jetzt so viele Wendehälse. Wir lachen, wenn wir von dem einen oder dem anderen reden. Doch wenn der Hals gewendet ist, wenn wir den Kopf verdreht haben, sind wir erst recht menschliche Ruinen. Helfen wir nun mutig, bei dem einen oder anderen nun auch noch die Körper zu drehen, damit dann Kopf, Hals und Körper wieder eine Einheit bilden und in die richtige Richtung blicken.
Ich will zum Schluß noch an eins erinnern. Wir haben in den vergangenen Wochen und Monaten ein ungeheures Gefühl der Zusammengehörigkeit gehabt – hier in der Kirche und draußen auf der Straße. Dieses Gefühl wird jetzt geringer. Das Schlimme dabei ist nicht, daß sich unterschiedliche Meinungen zeigen – wir haben uns immer Pluralität gewünscht. Das Schlimme ist, in welcher Art und Weise verschiedene Gruppen begonnen haben, miteinander umzugehen. Setzen wir uns dafür ein, daß trotz unterschiedlicher Vorstellungen über die Gestaltung der Zukunft der Geist der erlebten Gemeinsamkeit unter uns weiterhin zu Hause bleibt.
Von dieser Stadt aus haben wir gezeigt, daß eine Revolution ganz friedlich sein kann. Vielleicht können wir der Welt auch zeigen, daß auch der Neuaufbau einer politischen Struktur anders als an vielen anderen Stellen der Welt in gegenseitiger Achtung und Toleranz geschehen kann. Hoffentlich behalten unsere Friedensgebete die Kraft, den Frieden Gottes auch in den Neuaufbau unserer Gesellschaft hineinzutragen.
Wir hoffen und bitten, daß Gott keinem von uns fern ist und wir mit seiner Kraft und seiner Hilfe die notwendigen Schritte tapfer tun."
Nach Schluß der Gottesdienste strömten aus allen sieben Kirchen die Menschen auf den Innenstadtring, über den sie so oft gelaufen waren. Gegen 18.15 Uhr war der Ring geschlossen. Mehr waren gekommen als in den Wochen zuvor, viele Kinder waren dabei. Die Menschen schwiegen nicht, sondern plauderten halblaut miteinander in großer Gelassenheit. Wie verabredet begannen um 18.25 Uhr überall die Glocken zu läuten. Eine

große Feierlichkeit lag über der Stadt, die Menschen gedachten der zurückliegenden 40 Jahre mit all ihren Opfern an Leib und Seele, sie gedachten dankbar der letzten Wochen und der großen Veränderungen und sie hofften auf eine gute Zukunft, in der sich etwas von dem erfüllen würde, für das sie gestritten hatten.
Nach der Weihnachtspause lebten die Friedensgebete und die Demonstrationen noch einmal auf, um dann in dem beginnenden Wahlkampf schnell an Schwung zu verlieren. Die letzten beiden Montage waren es kaum tausend, die sich auf die Demonstrationstour machten. Fast erleichtert waren alle, als zur letzten Kundgebung und letzten Demonstration aufgerufen wurde.

## Aufruf zur letzten Demonstration

*Montag, 12. März 1990*

"Am kommenden Montag soll die letzte Montagsdemonstration stattfinden. Als Schlüsselereignis des Demokratisierungsprozesses in der DDR findet sie mit den Wahlen vom 18. März ihren Höhepunkt und damit vorläufigen Abschluß. Die neuen demokratischen Gruppen rufen hiermit alle Leipziger auf, den kommenden Montag im Geiste der Oktober-Demonstration zu einem markanten und würdigen Abschluß zu gestalten. Bekunden wir gemeinsam den unumkehrbaren Willen zur Demokratie!"

"Die Union", 12. März 1990

Dieser Aufruf war in der Woche vorher so formuliert und von den Zeitungen übernommen worden, in der "Union" jedoch erst am 12. März. Bis auf die Nikolaikirche beendeten alle anderen Kirchen an diesem 12. März ihre montäglichen Friedensgebete.

## *Eine gewaltlose Gesellschaft?*
## Friedensgebete in der Nikolaikirche werden fortgesetzt

*"Die Union" vom 22. März 1990*

(DU) Aufatmen, Entspannung und Nachdenklichkeit prägten am Montagabend in der Nikolaikirche das erste traditionelle Leipziger Friedensgebet nach den freien Wahlen. Erstmals

nach fast einem halben Jahr fand diese Andacht, die schon seit 1982 in diesem Gotteshaus abgehalten wird, ausschließlich in Sankt Nikolai, dem Ausgangspunkt, statt. In den zurückliegenden Wochen und Monaten waren Tausende Christen wie Nichtchristen montags zur selben Zeit auch in anderen Kirchen Leipzigs – bis zu sechs waren es zeitweise – gekommen, um für Frieden und Gewaltlosigkeit zu beten, aber auch im Klartext über Probleme und Belastungen, die der real existierende Sozialismus den Menschen aufbürdete, zu sprechen und nachzudenken. Anfangs erhielten in Sankt Nikolai die unzähligen Ausreisewilligen ein schützendes Dach, später – etwa ab September vorigen Jahres – waren es die Hierbleiber, die hier Mut und Kraft schöpften. Die Friedensgebete wurden auf diese Weise zum Spiritus rector der friedlichen Revolution, die auf den Straßen von Leipzig im 89er Oktober begonnen wurde.
An diesem Montagabend zeigten nun die langen Bankreihen der Nikolaikirche etliche Lücken auf, auch das Medieninteresse war drastisch gesunken. Lediglich ein ZDF-Team agierte im Hintergrund. Eine Atmosphäre der Resignation konnte sich jedoch nicht breit machen. Einen Tag nach dem großen Ereignis, nach der ersten, endlich freien Wahl ist der Alltag wieder eingekehrt, meinte Jugendpfarrer Klaus Kaden zu Beginn seiner Predigt. "Wir wissen, daß dieser Alltag nicht einfach ist und manche Härte bringen wird." Der eine oder andere wird bange fragen, was da auf uns zukommt. Aber eine große Hoffnung wird geweckt, und Optimismus nach vorn ist zu spüren. "Jetzt heißt es aufbauen, anpacken, Rechte und Pflichten in Handeln zu übersetzen. Und jetzt ist jeder gefragt, ob hinter seinen Forderungen und Parolen vor der Wahl auch wirklich der Wille zur Tat gestanden hat", kommentierte der Geistliche. Pfarrer Kaden erinnerte in seiner Predigt zu diesem Friedensgebet, das vom Stadtjugendkonvent Leipzigs zum Thema "Gewalt" gestaltet wurde, an den 9. Oktober 1989, als die Umwälzung zur Gewaltlosigkeit erfolgte. Und er fragte, ob da wirklich die Wende zur Gewaltlosigkeit vollzogen wurde. Eine gewaltlose Gesellschaft sei doch ebenso eine Utopie wie der Kommunismus. Gewalt mit Worten gab es – so mein Eindruck – im Zuge der Wende und im hitzigen, schlammschlachtähnlichen Wahlkampf mehr als genug. Der tausendfa-

che Ruf des Herbstes '89 "Keine Gewalt!" sollte niemals verstummen, forderte der Jugendpfarrer abschließend.
Zum ersten Mal nach den 22 Montagabenden, an denen in Leipzig "rings um die Stadt" demonstriert wurde, bot sich im Anschluß an das nachdenklich stimmende Gebet in der Nikolaikirche auf dem Platz vor der Oper ein für diese Zeit ungewöhnliches Bild: Der Parkplatz war nicht mehr gesperrt, vereinzelt flanierten Messestädter nach den turbulenten Tagen des Wahlkampfes und der Messe über den Platz oder warteten auf die Straßenbahn, die nun nicht mehr umgeleitet werden mußte.
Nahe der Litfaßsäule, die in den heißen Oktobertagen kurzerhand vor der Universität errichtet wurde, um allen oppositionellen und etablierten Gruppierungen und Parteien eine bislang nicht übliche Informationsmöglichkeit zu bieten, stand ein bundesdeutscher Händler mit seinem LKW und verkaufte in aller Gemütsruhe Südfrüchte. Ein Steinwurf davon entfernt standen verlassen jugendliche Reps-Anhänger, völlig unbeachtet und nicht mehr im Scheinwerferlicht der Fernsehstationen wie noch vor einigen Wochen. Die Stadt der friedlichen Revolution macht offenbar eine Pause – aber wie lange?

K.

"Die Union" vom 22. März 1990

## Rückblick

In den stürmischen Tagen des Herbstes mußte ich immer wieder an eine Einzelheit denken, die mir aus einem Bericht über eine Expedition in Afrika im Gedächtnis geblieben war. Die einheimischen Träger hatten sich wenige Tage nach dem Aufbruch geweigert weiterzugehen. "Wir müssen erst warten, bis unsere Seelen die Körper wieder eingeholt haben."
Auch wir wünschten uns, daß unsere Seelen die Körper wieder einholten, wünschten uns dringend eine Pause, um all das Geschehene zu begreifen und zu verarbeiten. Doch in atemberaubender Geschwindigkeit folgte ein entscheidender Schritt dem nächsten. Aus dem anfänglich zögernden Nachgeben der Behörden wurde erst die Ablösung einiger Spitzenpolitiker, schließlich der Rücktritt der ganzen Regierung und der Füh-

rung der Staatspartei. Aus dem Wunsch der Demonstranten nach besseren Reisemöglichkeiten wuchs innerhalb weniger Wochen die Forderung nach der deutschen Einheit und die Entscheidung dafür.
Aus dem Ruf: “Egon, rück das Westgeld raus!” entstand die Ankündigung der Wirtschafts- und Währungsunion. Das alles konnte überhaupt nicht so schnell begriffen werden, wie es geschah.
Die Reaktion auf den so entscheidenden 9. Oktober kam bei mir persönlich genau 24 Stunden später. Am Abend des 9. waren wir nach der Demonstration an die Fernsehapparate gestürzt um zu hören, ob und was berichtet wird über die gerade von uns durchlebten Stunden.
Am nächsten Morgen war das Treffen der leitenden Geistlichen der Stadt, gleich anschließend – kaum war Zeit für eine kurze Mahlzeit – die turnusmäßig jeden Dienstag stattfindende Besprechung mit den Mitarbeitern. Dort blickte ich überrascht auf das veränderte Äußere.
Irgendeiner aus unserer Runde hatte den Tisch, an dem wir immer beim Besprechen der notwendigen dienstlichen Obliegenheiten unsere Tasse Kaffee tranken, mit einem weißen Tischtuch versehen. Weingläser standen dort, und eine Flasche Wein, die für einen besonderen Anlaß aufgehoben wurde, war geöffnet. Wir hatten diesen Wein zum richtigen Zeitpunkt geöffnet. Wenig später begann die ebenfalls lange vorher für diesen Tag festgelegte Sitzung des Konsistoriums, der Gemeindeleitung. Um 18 Uhr unterbrachen wir die Beratungen, um an dem in unserer Kirche stattfindenden Fürbittgottesdienst für die Inhaftierten teilzunehmen. Während des schlichten, von Jugendlichen gestalteten Gottesdienstes nun holte mich der Vorabend ein. Mit einem Mal wurde mein Körper von großer Erregung geschüttelt, die Tränen schossen mir in die Augen. Es dauerte einige Zeit, bis ich mich wieder unter Kontrolle hatte. Angst und Erregung brachen sich gleichzeitig Bahn. Als ich wenige Minuten später einige Informationen an die Gottesdienstbesucher weitergeben wollte, fiel es mir schwer, der Stimme wieder den normalen Klang zu geben.
Fast alle Einwohner unseres Landes versuchten in diesen Wochen, keine der vielen Informationen zu verpassen. Zeitun-

gen waren wenige Minuten nach Erscheinen am Kiosk verschwunden. Während heute die Passanten wieder achtlos am Schaukasten unserer Kirche vorübergehen, standen sie im Oktober regelrecht Schlange, um den Aufruf der Leipziger Sechs oder die Forderungen der Synode des Bundes der Evangelischen Kirchen zu lesen. Ich selber begann schon im Juni aus einer Vorahnung heraus Zeitungsausschnitte und anderes Material zu sammeln. Inzwischen ist es unmöglich, auch nur eine repräsentative Übersicht über die vielen Aufrufe, Mitteilungen, Informationen, Predigten, Gebete und Berichte dieser Zeit zu geben. So fehlt auch in dem hier vorliegenden Überblick manches, was der eine oder andere suchen wird. Bewußt habe ich mich auf die Friedensgebete konzentriert und dabei auch nur auf die vier Leipziger Innenstadtkirchen. Andere Veröffentlichungen werden andere Akzente setzen.
Es ist wohl das Schicksal revolutionärer Umgestaltungen, daß die Aktivisten der ersten Stunden häufig sehr schnell in Vergessenheit geraten. Gern möchte ich noch einmal mit denen zusammentreffen, die, kaum 20 Jahre alt, unter großen Gefahren die Voraussetzung schufen, daß der Zorn der Menge in die richtigen Bahnen gelenkt wurde. Sie sorgten auch dafür, daß die Welt etwas von den Vorgängen erfuhr.
Wo mag das junge Paar jetzt sein, das vor dem 16. Oktober zu mir in die Wohnung kam? Ich kannte sie von Angesicht, hatte sie aber nie nach dem Namen gefragt, damit ich auch keine Namen zu verraten hätte, sollte die Entwicklung einen anderen Weg nehmen.
Sie hatten die Bitte, ein holländisches Fernsehteam – es war in die Stadt gekommen, um Biber in der Elbaue zu filmen – am Montag einen möglichst günstigen Platz für heimliche Fernsehaufnahmen zu beschaffen. Erst als sie gegangen waren, fiel mir ein Gemeindeglied mit einer sehr günstig gelegenen Wohnung ein. Ich wußte nicht, wie ich die jungen Leute erreichen konnte, vermutete sie aber auf einer am Sonntagabend stattfindenden Veranstaltung. Etwa eine halbe Stunde wartete ich dort an der Tür, ehe sie wirklich kamen. Für Montag verabredeten wir einen Termin mit den Niederländern, ich besuchte die über 80jährige sehr couragierte Dame mit der günstigen Wohnung. Sie war sofort bereit, das Team trotz der ständigen Beobach-

tung der Häuserfront hinter einer Gardine versteckt filmen zu lassen. Am Montagvormittag gingen wir, aus Furcht vor Beschattung auf weiten Umwegen, zur letzten Absprache in die betreffende Wohnung. Um 15 Uhr – drei Stunden vor Beginn der Demonstration – wurde das Fernsehteam aus der Stadt und dem Land gewiesen.

Das junge Mädchen traf ich Ende November noch einmal. Vor dem Rathaus in Leipzig hatte sich während der Demonstration ein kleines Häuflein Unentwegter aufgestellt, dem der stürmische Weg zur deutschen Einheit zu schnell und die Sprechchöre dafür zu laut waren. "Rote aus der Demo raus!" brüllte gerade wieder so ein Chor, in dessen Nähe ich geraten war, als dieses Mädchen auf einmal aus dem Häuflein der Unentwegten herauslief, um mich zu begrüßen. Jetzt kann ich leider noch nicht einmal ihren Namen nennen, um ihr und den vielen anderen für das große Engagement zu danken.

Der Prozeß der Beseitigung der alten Machtverhältnisse war noch in vollem Gange, da begannen für uns Pfarrer neue Aufgaben. Analog zu Berlin bildeten sich überall in den Bezirken und Städten "Runde Tische", und fast überall wurden Vertreter der Kirchen gebeten, die Moderation zu übernehmen. Die Aufgabenfülle dieser neuen Gremien wuchs in dem Maße, in dem die bisherigen an Autorität verloren.

Während der zentrale "Runde Tisch" nach der Volkskammerwahl seine Arbeit einstellte, mußten die auf kommunaler Ebene bis zur nächsten Wahl weiterarbeiten. Die Mitarbeit dabei war oft mühsam und kostete viel Zeit mit all den nötigen Vorbereitungen. Dabei war schon die dritte große Aufgabe für die Kirchengemeinden zu erkennen: Das seelsorgerliche Begleiten der vielen im Blick auf den Arbeitsplatz und die sich verändernden Lebensumstände Verunsicherten, wobei die christlichen Gemeinden selber verunsichert waren und der Seelsorge bedurften. Mußte doch jede Kirche, jede Gemeinde ihren Platz in einer neuen Gesellschaft neu bestimmen und neu suchen.

In zunehmendem Maße war Unsicherheit freilich auch bei denen zu spüren, die aus der Bundesrepublik Deutschland in erfreulich großer Zahl in die DDR strömten, um dieses Land für sich zu entdecken. Immer stärker wurde unter ihnen die

Gewißheit, daß die Demonstranten von Leipzig, die aus den Gottesdiensten auf die Straßen geströmt waren, nicht nur der Eigenständigkeit der DDR ein Ende bereitet hatten, sondern damit unweigerlich auch der Bundesrepublik Deutschland. Bald würde es nicht mehr "ihr dort" und "wir hier" heißen, es würde kein "Hüben" und "Drüben" geben, kein "Ost" und "West", sondern nur ein Land, zu dem Rostock und Halle ebenso gehörten wie Hannover und München. Dies mußte wieder die europäischen Strukturen verändern und damit neue Unsicherheiten schaffen unter den Nachbarländern. Keiner von uns hat jedoch an all das gedacht, als er, die eigene Angst übertönend, laut gerufen hat: "Keine Gewalt" und "**Wir** sind das Volk".

## Chronik der Leipziger Friedensgebete

**Seit 1982** gibt es das Friedensgebet in der Leipziger Nikolaikirche. Als die restaurierte Orgel der Nikolaikirche Ende 1987 gestimmt wurde, war es vorübergehend in der kath. Propsteikirche. Gestaltet wurde das Friedensgebet von verschiedenen kirchlichen Gruppen, darunter auch der katholische Friedenskreis Lindenau-Grünau.

**1988** kamen viele "Antragsteller" zum Friedensgebet, dazu viele "Reformer". Die Zahl wuchs. Oft waren 1000 Personen montags in der Nikolaikirche versammelt.

**13. 2. 88** Meditationsgottesdienst mit anschließender Vorstellung von Leipziger Basisgruppen und Benefizkonzert in der Michaeliskirche. Nachdenken über die Arbeit der Gruppen nach den Vorgängen um die Luxemburg/Liebknecht-Demonstration in Berlin am 17. Januar.

**19. 2. 88** Pfr. Führer spricht vor ca. 900 Ausreisewilligen über "Leben und Bleiben in der DDR". Die "Antragsteller" (miß-)verstehen dies als Zeichen der Kirche, daß sie auf dieser Strecke zu helfen bereit ist.

**27. 2. 88** Während des Treffens "Frieden konkret VI" in Cottbus kommt es zu Zuführungen und zur Beschlagnahmung von Arbeitspapieren.

**28. 2. 88** Graphikauktion in der Reformierten Kirche erbringt über 15 000 Mark.

**13. 3. 88** Evangelische Kirchenleitung der DDR fordert freien und ungehinderten Zugang aller Bürger zu kirchlichen Veranstaltungen (Reaktion auf Behinderungen von Gottesdienstbesuchern u. a. in der Ostberliner Sophienkirche).

**14. 3. 88** Montag. Beginn der Leipziger Messe. Nach dem Friedensgebet in der Nikolaikirche (ca. 1000 Teilnehmer) Demonstration von etwa 300 Antragstellern und Mitgliedern von Basisgruppen: Menschenkette vor der Thomaskirche singt "Schalom alechem" (Gib uns Frieden). Polizei stört mit Toniwagen (Einsatz-PKW mit Blaulicht) und führt einige zu.

**29. 3. 88** Der Bezirkssynodalausschuß "Frieden, Gerechtigkeit und Bewahrung der Schöpfung" der Bezirkssynode Leipzig-Ost (in der jede Leipziger Basisgruppe mit einem Sitz vertreten ist) beschließt auf Antrag von Superintendent Magirius, daß die Gruppen, die das Friedensgebet gestalten, die Begleitung eines verantwortlichen Pfarrers suchen und akzeptieren müssen. Dieser Beschluß wird am 17. Juni verlängert bis zum 31. Oktober, aber nicht gänzlich zurückgenommen.

**28. 5. 88** Erster Tag zum "Konziliaren Prozeß" (für Gerechtigkeit, Frieden und Bewahrung der Schöpfung) in der Propstei mit etwa 250 Teilnehmern.

**5. 6. 88** Erster Pleiße-Gedenkmarsch (gegen Verschmutzung des Leipziger Flusses) mit ca. 250 Teilnehmern: keine Behinderung durch staatliche Organe.

**27. 6. 88** Letztes Friedensgebet vor der Sommerpause unter Leitung von Pfr. Chr. Wonneberger: eine nicht abgesprochene Sammlung für J. Tallig (Geldstrafe wegen "staatsfeindlicher" Plakataktion) führt zur Auseinandersetzung um das Friedensgebet.
**15. 8. 88** Brief von Sup. Magirius an Vertreter der Gruppen im Bezirkssynodalausschuß mit der Mitteilung, daß die Nikolaigemeinde das Friedensgebet nach der Sommerpause selbst gestaltet, da die Gruppen kein Interesse am Friedensgebet gezeigt hätten: Vorausgegangen war ein nicht bis zu den Gruppen gelangter Brief des Kirchenvorstandes von St. Nikolai, den Pfr. Wonneberger, Sup. Magirius und Dr. Berger erhalten hatten.
**22. 8. 88** Der Brief von Sup. Magirius wird den Gruppen zugestellt .
**25. 8. 88** Protesterklärung von 13 Mitarbeitern aus Initiativgruppe Leipzig (IGL), Arbeitskreis Gerechtigkeit, Aktion Sühnezeichen, Solidarische Kirche und AG Umweltschutz.
**29. 8. 88** Konflikt um die Weigerung von Sup. Magirius und Pfr. Führer, die Protesterklärung verlesen und diskutieren zu lassen. Erklärung wird von 200 Teilnehmern des Friedensgebetes unterzeichnet.
**5. 9. 88** Messemontag.
Im Anschluß an das Gebet wird vor der Kirche eine Protesterklärung verlesen, die nichtbewiesene Unterstellungen gegen Sup. Magirius und Pfr. Führer enthält. Stasi greift ein.
**3. und 17. 10. 88** Meetings nach den Gebeten auf dem Nikolaikirchhof. Brief an den Staatssekretär für Kirchenfragen, Dr. Kurt Löffler, gegen die Zensur der Kirchenzeitungen. 80 Festnahmen.
**24. 10. 88** Friedenskreis Lindenau-Grünau gestaltet das Friedensgebet: 15 Personen aus Basisgruppen gehen mit Plakaten in den Altarraum und wollen eine nicht abgesprochene Erklärung verlesen: Sup. Magirius lehnt ab; sie wird nach dem Gebet auf dem Nikolaikirchhof vor ca. 450 Personen verlesen.
**29. 10. 88** Vermittlungsgespräch zwischen Kirchenleitung und Basisgruppen, zu dem vier Gruppen Vertreter geschickt hatten.
**9. 11. 88** Ungehinderter Schweigemarsch von 200 Personen von St. Nikolai zum Gedenkstein der ehemaligen jüdischen Synagoge.
**11. 11. 88** "Abend für den Frieden" in St. Nikolai mit ca. 1000 Teilnehmern.
**13. 11. 88** "Tag für Espenhain" mit ca. 500 Teilnehmern: Aktion "Eine Mark für Espenhain" läuft an (als Spendenliste getarnte Unterschriftenaktion der Ökogruppe Rötha für Stillegung der Kokerei Espenhain).
**19. 11. 88** Zweiter Tag zum "Konziliaren Prozeß".
**21. 11. 88** Gespräch mit Bischof Hempel über den Konflikt Gruppen – Kirchenleitungen.
**8.–9. 12. 88** Ausweisung aller Antragsteller der "Arbeitsgruppe Ausreise" des Arbeitskreises Gerechtigkeit.

**10. 12. 88** Beginn der Arbeit der "AG zur Situation der Menschenrechte", die Mitteilungen über Menschenrechtsverletzungen in der DDR sammelt.
**15. 1. 89** Am 70. Todestag von Rosa Luxemburg Gedenkmarsch für Meinungsfreiheit auf dem Markt (ca. 800 Personen): 80 Festnahmen – Fürbittgebete in verschiedenen Gemeinden der Stadt.
**26. 1. 89** Einstellung aller Ermittlungsverfahren.
**23. 2. 89** Protest Leipziger Gruppen gegen die Verhaftungen in Prag.
**13. 3. 89** Messemontag .
Im Anschluß an das Friedensgebet ziehen 600 der 1000 Besucher in einem Schweigemarsch durch die Innenstadt, organisiert von Antragstellern – 12 Verhaftungen.
**19. 3. 89** Aktionstag der Leipziger Gruppen für in der ČSSR Verfolgte mit anschließenden Fürbittgebeten in verschiedenen Leipziger Kirchen.
**25. 3. 89** Klärung des Konfliktes zwischen den Gruppen und der Kirchenleitung in einem Gespräch in Wurzen.
**1. 4. 89** Tag zur "Volksbildung in der DDR" in der Heilandsgemeinde (ca. 400 Teilnehmer). Brief an den IX. Pädagogischen Kongreß enthält Erwartungen und fordert Veränderungen in der Bildungspolitik.
**10. 4. 89** Friedensgebet wird erstmals wieder von den Gruppen gestaltet (ca. 900 Teilnehmer).
**18. 4. 89** Info-Papier über ein im Raum Dahlen geplantes Atomkraftwerk.
**24. 4. 89** Pfr. Führer verliest während des Friedensgebetes einen Beschluß der sächsischen Landessynode zu den Wahlen.
**1.–7. 5. 89** Per Flugblatt ruft eine "Initiative zur demokratischen Erneuerung der Gesellschaft" zu einer Versammlung der Nichtwähler für den 7. Mai, 18.00 Uhr, auf dem Markt auf.
**7. 5. 89** Kommunal- und Bezirkstagswahlen. Auszählung der Wahlzettel von vielen Bürgern mitverfolgt; etwa 1500 Demonstranten versammeln sich auf dem Markt. Zufahrtsstraßen nach Leipzig abgeriegelt, Polizei greift ein, 120 Verhaftungen.
**8. 5. 89** Nach dem Friedensgebet Demonstration von ca. 550 Personen gegen Wahlbetrug. 10 Festnahmen.
**22. 5. 89** Nach Friedensgebet Demonstration von 350 Personen. Innenstadt vorher schon durch Polizeiketten abgeriegelt. Demonstranten unter Schlagstock- und Hundeeinsatz in der Ritterstraße eingeschlossen; erstmals Rufe: "Wir wollen raus!" Flächendeckende Überwachung der Leipziger Gruppen durch die Stasi.
**29. 5. 89** Noch während Gebetsteilnehmer die Kirche verlassen, rückt Polizei vor und verhaftet. Übergriffe der Polizei gegen Rainer Müller (Theologiestudent aus "Initiative für Frieden und Menschenrechte", in U-Haft); Arzt bescheinigt Verletzungen, Behörden nehmen Anzeige nicht entgegen.

**4. 6. 89** Übergriffe von Polizei und Stasi beim geplanten (beantragten), aber nicht genehmigten Pleißemarsch: gezieltes Vorgehen gegen Gottesdienstbesucher in der Paul-Gerhardt-Kirche.
**10. 6. 89** Leipziger Straßenmusikfestival im Stadtzentrum. Polizei und Sicherheitskräfte gehen teilweise sehr brutal vor; Verhaftungen; sehr hohe Geldstrafen.
**11. 6. 89** Bittgottesdienst wegen des geplanten Kernkraftwerkes (800 Teilnehmer). Gleichzeitig Umwelttag in Deutzen; Pilgerweg verboten.
**12. 6. 89** Nach dem Friedensgebet in der Nikolaikirche sind umliegende Straßen abgesperrt. Sicherheitskräfte lösen Zug von 200 Menschen zur Innenstadt auf, 25 Festnahmen.
**7.–9. 7. 89** Parallel zum evangelischen Kirchentag in Leipzig "Statt-Kirchentag" in der Lukas-Kirche (Volkmarsdorf). Forum mit Erhard Eppler (SPD), Ludwig Mehlhorn (Initiative "Demokratie jetzt") und Hester Minnema (Internationale Helsinki Föderation, Wien) – 800 Teilnehmer: offener Brief an die Bevölkerung der DDR.
**9. 7. 89** Proteste gegen die Ereignisse in China und entsprechende DDR-Berichterstattung; Forderung nach Demokratie und gegen Wahlbetrug während der Abschlußveranstaltung des ev. Kirchentages, danach Demonstration (300 Personen) Richtung Innenstadt, die aber von Polizeiketten abgeriegelt war.
**7. 8. 89** Zwei der Anstifter zum Wahlboykott vom 7. Mai werden zu 10 bzw. 18 Monaten Freiheitsentzug verurteilt.
**4. 9. 89** 1000 demonstrieren nach dem Friedensgebet vor der Nikolaikirche für "offene Grenzen" und die Möglichkeit einer "freien und ungehinderten Ausreise aus der DDR". Zahlreiche Festnahmen.
**11. 9. 89** Messemontag.
1300 Besucher des Friedensgebetes.
Grußwort von Bischof Hempel; Brief der Konferenz der ev. Kirchenleitungen vom 4. 9. an E. Honecker verlesen. Polizei riegelt während des Gottesdienstes das Gebiet um die Nikolaikirche hermetisch ab und fordert nach dem Gottesdienst die Besucher auf, den Platz sofort und einzeln zu verlassen. Sehr brutales Vorgehen der Polizei auch gegen Frauen, Rentner und Unbeteiligte: 104 Festnahmen; Geldstrafen bis zu 5000 Mark; Rufe: "Wir wollen raus!"
**18. 9. 89** Nikolaikirche überfüllt (2500)
Erste Fürbittandacht für die elf Inhaftierten vom 11. 9. in verschiedenen Kirchen; Kerzen und Blumen entlang der Nikolaikirche (Aufruf, jeden Tag, 17.00 Uhr, Blumen und Kerzen zu bringen und schweigend stehenzubleiben). Bedrohliche Polizeieinsätze: Rufe: "Wir bleiben hier!" 142 Festnahmen. Inzwischen formierten sich: Neues Forum, SDP, Demokratischer Aufbruch, Demokratie jetzt, Vereinigte Linke.
**25. 9. 89** 3000 in der Nikolaikirche, 4000 davor. Predigt von Pfr. Wonneberger.
Im Anschluß erste große Demonstration (ca. 8000 vom Karl-Marx-

Platz zum Bahnhof). Rufe: “Freiheit – Gleichheit – Brüderlichkeit”; “Neues Forum zulassen!” Lieder: Internationale; “We shall overcome”; “Herr, gib uns deinen Frieden”.
Sicherheitskräfte halten sich diesmal zurück.

**2. 10. 89** Friedensgebet auf Bitte von Superintendent Magirius auch in Reformierter Kirche am Ring; Predigt von Dominikanerpater B. Venzke. 25 000 Demonstranten nach dem Friedensgebet. Polizeieinsatz vom Markt her und auf dem Karl-Marx-Platz. Rufe: “Wir sind das Volk”, “Wir bleiben hier!”

**7. 10. 89** Rabiates Vorgehen von Polizei und Stasi gegen 1000 Demonstranten. Protesttelegramm Leipziger Ärzte an Innenministerium.

**9. 10. 89** Friedensgebet in vier Kirchen: hinzu kommen St. Thomas (nach langem Vorbehalt) und St. Michaelis; die kath. Propsteikirche steht als Zufluchtstätte bereit. Aufruf der Leipziger Sechs und Mahnung von Bischof Hempel zur Besonnenheit. 70 000 Demonstranten; Ruf: “Wir sind das Volk”. Erstmals kein Polizeieinsatz; Betriebskampfgruppen stehen Spalier. Volksmund: “Wunder von Leipzig”.

**13. 10. 89** Gespräch kirchlicher Initiativen mit Dr. Reitmann (im Rat des Bezirkes zuständig für Inneres).

**15. 10. 89** Künstler-Solidarität mit zu Unrecht Verfolgten. Graphikauktion erbringt 17 000 Mark.

**16. 10. 89** Friedensgebet in sechs Kirchen (zusätzlich in Petri- und Friedenskirche) – 150 000 Demonstranten. Ruf nach Visa-, Presse-, Meinungsfreiheit und freien Wahlen; auch: “Die Mauer muß weg”.

**23. 10. 89** Als 7. Kirche kommt die Propstei hinzu. Propst Hanesch predigt über “Freiheit von Bevormundung, Gängelei, Fremdbestimmung”. 300 000 Demonstranten (am 30. 10. ebensoviele).

**6. 11. 89** Erstmals Kundgebung zu Beginn der Demonstration (Diskotheken der Stadt stellen die Lautsprecheranlagen zur Verfügung).

**13. 11. 89** Erstmals Deutschlandfahnen und “Deutschland, einig Vaterland”.

**19. 11. 89** “Tag für Espenhain” in der Reformierten Kirche.

**22. 11. 89** Erstmals Konfrontation zwischen “rechten” und “linken” Demonstranten (“Nazis raus” – “Rote raus”).
Einladung der Gruppen zum Gespräch mit dem Ministerpräsidenten von Nordrhein-Westfalen, Johannes Rau.

**29. 11. 89** Erster “Runder Tisch” auf Stadtebene.

**1. 12. 89** Erstes Koordinierungsgespräch der Leipziger Gruppen und neuen Parteien.

**4. 12. 89** Besetzung des Stasi-Hauptgebäudes ( “Runde Ecke”); Bürgerkomitees beginnen mit der Arbeit.

**7. 12. 89** Gründung der CSPD (Christlich-Soziale Partei Deutschlands) in Leipzig, spätere DSU.

**9. 12. 89** Gruppen beraten über die Einstellung des “Runden Tisches” auf Stadtebene (nur noch Bezirksebene).

LVZ (Leipziger Volkszeitung) stellt den neuen Gruppen und Parteien pro Woche 2 Seiten zur Verfügung.

**14. 12. 89** Vernichtung von Stasi-Akten im Hotel "Merkur" aufgedeckt .

**16./17. 12. 89** Gründungskongreß des "Demokratischen Aufbruchs" in Leipzig .

**18. 12. 89** Friedensgebete noch in vier Leipziger Kirchen. Im Anschluß die große Schweigedemonstration mit Kerzenkette rund um den Ring (ca. 150 000). Dank für das Erreichte und Gedenken an die Opfer des Stalinismus.

**8. 1. 90** Nach einer weihnachtlichen Pause Fortsetzung des Friedensgebets in der Nikolai-, Thomas-, Propstei- und Reformierten Kirche bis zum 12 . März (letzte Demonstration).
Das Friedensgebet kehrt in die Nikolaikirche zurück.

**17. 1. 90** Der "Runde Tisch" beim Rat der Stadt nimmt seine Arbeit wieder auf. Moderatoren sind Superintendent Magirius und Pfr. Hans-Jürgen Sievers. Nach Rücktritt des Stadtparlaments tritt der "Runde Tisch" an dessen Stelle und leitet die Stadt in wöchentlichen Sitzungen bis zu den Kommunalwahlen.

**20. 5. 90** Verleihung des Gustav-Heinemann-Preises in der Frankfurter Paulskirche an Superintendent Friedrich Magirius gemeinsam mit dem Leipziger Bezirkssynodalausschuß "Frieden, Gerechtigkeit und Bewahrung der Schöpfung", in dem auch die kirchlichen Basisgruppen vertreten sind.

## DDR-Chronik der laufenden Ereignisse 1989–1990

**1. 1. 89** Personen ab 50. Lebensjahr (bisher 60.) können jetzt eine Westreise beantragen. Privatreisen aus familiären Gründen dürfen nur Blutsverwandte 1. Grades beantragen.

**15. 1. 89** Zum 70. Jahrestag der Ermordung von Rosa Luxemburg Gedenkdemonstration für Meinungsfreiheit in Berlin und Leipzig. Erinnerung an die Vorjahrsereignisse. Die Leitung der Ev. Kirche in Berlin-Brandenburg erstattet Anzeige gegen Unbekannt, nachdem im Amtszimmer von Pfr. Eppelmann Abhöranlagen entdeckt wurden .

**5. 3. 89** Bischof Leich, Vorsitzender des Bundes Evang. Kirchen BEK, plädiert für Fallenlassen der Formel "Kirche im Sozialismus". Besser spräche man von der "Evangelischen Kirche in der DDR".
Die ev. Kirchen mahnen die Erfüllung der Wiener KSZE-Vereinbarungen vom 15. Januar an.

**Mitte April 89** Nun können auch Verwandte 2. Grades und beide Ehepartner zu Familienbesuchen in den Westen reisen.

**26.–30. 4. 89** Dresden. Vertreter von 19 Kirchen und kirchlichen Gemeinschaften verlangen “die Umgestaltung des Sozialismus unter den Bedingungen unseres Landes”.
**7. 5. 89** Berlin. Egon Krenz verkündet das Ergebnis der Kommunal- und Bezirkstagswahlen: 98,85% Ja-Stimmen für die SED. Bürgerrechtler erheben den Vorwurf der Wahlfälschung, was später offiziell bestätigt wird.
**6. 6. 89** Der Bund Evangelischer Kirchen richtet betr. Wahlfälschung eine dringende Anfrage an Honecker.
**8. 6. 89** Die Volkskammer gibt zustimmende Erklärung zur Niederschlagung des Aufstandes “verfassungsfeindlicher Elemente” in China.
**3. 7. 89** Die Konferenz der Kirchenleitungen des BEK äußert Bestürzung angesichts der Niederschlagung der Demokratiebewegung in Peking.
**6.–9. 7. 89** Der Evangelische Kirchentag in Leipzig wird zu einem Forum, auf dem die DDR-Bevölkerung Reformen verlangt (Die Ökumenische Versammlung GFS von Basel im Mai wirkt als Verstärker).
**20. 7. 89** Der BEK legt eine Studie “Energie und Umwelt” vor. Fazit: “Wir sind schwer krank”.
**August 89** DDR-Flüchtlinge überfüllen die bundesdeutsche Vertretung in Ostberlin und die Botschaften der Bundesrepublik in Prag und Budapest.
**19. 8. 89** Bei einem Fest an der ungarischen Grenze zu Österreich können 500 DDR-Bürger nach Österreich fliehen.
**4. 9. 89** Berlin. Die Evangelischen Kirchen verlangen von Staats- und Parteichef Erich Honecker die Ingangsetzung eines Prozesses zur Mitsprache der Bürger in Staat und Gesellschaft.
**10. 9. 89** Ungarn öffnet seine Grenzen für DDR-Flüchtlinge.
**11. 9. 89** Das DDR-Innenministerium lehnt die offizielle Zulassung des “Neuen Forums” ab.
**13. 9. 89** Der katholische Bischof Wanke appelliert an Ausreisewillige zu bleiben.
**15. 9. 89** Drei oppositionelle Bürgervereinigungen entstehen, darunter “Demokratischer Aufbruch” (u. a. von sieben Theologen initiiert); Kooperation mit “Neues Forum”.
**15.–19. 9. 89** Eisenach. Die Synode des Bundes Evangelischer Kirchen analysiert die kritische Lage der DDR und verlangt Reformen bei “demokratischer Parteienvielfalt”.
**23. 9. 89** Erfurt. Der katholische Bischof Wanke greift die Forderungen der BEK-Synode auf.
**24. 9. 89** Berlin. Der Vorsitzende der Berliner Bischofskonferenz, Sterzinsky, fordert: “Es müssen jedem alle Rechte zuerkannt werden, die dem Menschen von Natur aus zustehen”. Er bittet die Ausreisewilligen zu bleiben.

**26. 9. 89** Magdeburg. Der katholische Bischof Johannes Braun sagt in einer Predigt: "Eine Gruppe oder Partei, die von sich behauptet, sie habe immer recht, ist nicht dialogfähig, nicht fähig, Reformen einzuleiten."

**1. 10. 89** Die Botschaftsflüchtlinge in Prag und Warschau dürfen in die BRD – jedoch über das Gebiet der DDR – ausreisen.

**3. 10. 89** Die DDR schließt die Grenzen zur ČSSR, öffnet sie jedoch nach zwei Wochen wieder.

**3.–4. 10. 89** Zweiter Transport von Botschaftsflüchtlingen aus Prag (11 000) wiederum über Dresden. Ausreisewillige besetzen den Dresdner Bahnhof; harter Polizeieinsatz; Bahnhof wird demoliert.

**6.–7. 10. 89** Aufwendige Feierlichkeiten zum 40. "Tag der Republik" mit Militärparade und Fackelzug. Michail Gorbatschow, als Staatsgast in Ostberlin, über Honecker: "Wer zu spät kommt, den bestraft das Leben".

Protestdemonstrationen in Berlin und anderen Städten.

**5.–8. 10. 89** Dresden. Tägliche Demonstrationen gewaltsam aufgelöst, 200 Personen eingekreist und abtransportiert. Kirchenvertreter vermitteln zwischen Polizei und 20 000 Demonstranten. "Gruppe der 20" gegründet für Verhandlungen mit OB, Sitz in Stadtverordnetenversammlung.

**8. 10. 89** Berlin. Treibjagd auf friedliche Demonstranten und unbeteiligte Bürger. Mißhandlungen und Festsetzungen bis zu 24 Stunden. Desgleichen schwere Zusammenstöße in Leipzig, Potsdam und Plauen.

**9. 10. 89** Leipzig. Demonstration von 70 000 Menschen. Eine "chinesische Lösung" ist angesagt: für Soldaten der NVA ist Ausnahmezustand verkündet und scharfe Munition ausgegeben. Die Eskalation zur Gewalt wird verhindert von sechs Leipziger Persönlichkeiten: Gewandhauskapellmeister Kurt Masur, Pfarrer Peter Zimmermann, Bernd-Lutz Lange sowie den Bezirksparteisekretären Kurt Meyer, Roland Wötzel und Jochen Pommert. Dem 9. Oktober gilt seitdem der Slogan von der "Oktoberrevolution der DDR".

**16. 10. 89** Massendemonstrationen Hunderttausender in Leipzig, Dresden, Halle und anderen Städten. Sprechchöre: "Die Kirchen sind zu klein!" 3000 Übersiedler am Wochenende.

**18. 10. 89** Staats- und Parteichef Erich Honecker tritt nach 18jähriger Herrschaft zurück. Egon Krenz wird sein Nachfolger als SED-Generalsekretär.

Politbüromitglieder Herrmann und Mittag abgelöst.

**23. 10. 89** Leipzig. 300 000 Menschen demonstrieren, am Montag darauf (30. 10.) ebenso viele.

Dresden. Bischof Hempel legt der Synode der sächsischen Landeskirche einen Bericht von den Übergriffen der Polizei am 7. und 8. Oktober vor. Er fordert eine Entschuldigung der DDR-Organe.

**24. 10. 89** Volkskammer wählt Krenz zum Vorsitzenden des Staatsrates und des Nationalen Verteidigungsrates.

**3. 11. 89** Erfurt. Die Ev. Synode der Kirchenprovinz Sachsen kritisiert massiv den Staatssicherheitsdienst.

**4. 11. 89** Berlin. Eine halbe Million demonstriert auf dem Alexanderplatz für Demokratie, freie Wahlen, Presse- und Meinungsfreiheit. FDGB-Chef Harry Tisch und Volksbildungsministerin Margot Honecker treten zurück.

**6. 11. 89** Das Fernsehen entledigt sich der Zensur.

**7. 11. 89** Die Regierung der DDR, der Ministerrat, erklärt den Rücktritt.

**8. 11. 89** Die 10. ZK-Tagung der SED wählt ein neues Politbüro.

**9. 11. 89** ZK beruft für Mitte Dezember Parteikonferenz ein. Neue Reiseregelungen für DDR-Bürger. Quasi durch ein Mißverständnis wird Volkspolizei genötigt, Übergänge in Berlin und zur Bundesrepublik zu öffnen. Die Dämme brechen. Freudenfeste beiderseits der Grenzen. Neuer "Tag der deutschen Einheit"?

**10. 11. 89** Hunderttausende DDR-Bürger passieren die Grenze zum Westen.

**13. 11. 89** Berlin. Hans Modrow wird neuer Ministerpräsident.

**14. 11. 89** Erste freie Diskussion und Aussprache in der Volkskammer. G. Maleuda wird Volkskammerpräsident. Koalitionsregierung bestätigt (statt bisher 44 noch 28 Minister aus SED und vier Blockparteien).

**18. 11. 89** Für Staat-Kirche-Kontakte erstmals ein Minister bestimmt; Der neue Vorsitzende der DDR-CDU, Lothar de Maizière, wird Stellvertreter des Vorsitzenden des Ministerrates für Kirchenfragen.

**26. 11. 89** Berlin. In der Bekenntnisgemeinde gründen Umweltgruppen eine "Grüne Partei".

**28. 11. 89** Demographische Konferenz in Berlin: seit dem Mauerbau 1961 verließen über 800 000 Bürger die DDR; in den vergangenen 39 Jahren waren es 3,4 Mio.
Seit dem 1.1.89 gingen 300 633 Übersiedler in den Westen. 9 090 200 DDR-Bürger besuchten seit Öffnung der Mauer am 9. November die Bundesrepublik und Westberlin.

**28. 11. 89** Bundeskanzler Kohl legt 10-Punkte-Programm zur Deutschlandpolitik im Bundestag vor.

**30. 11. 89** Die DDR-Regierung distanziert sich von der Intervention der Warschauer-Pakt-Truppen 1968 in die ČSSR. Kirchenvertreter hatten öffentlich gefordert, daß sich die DDR für die Teilnahme am Einmarsch entschuldige.

**1. 12. 89** Die Volkskammer streicht die führende Rolle der SED aus der Verfassung.

**3. 12. 89** ZK und Politbüro der SED treten zurück, Egon Krenz verliert das Amt des Parteichefs. Honecker, Sindermann, Mielke und

Stoph aus der Partei ausgeschlossen; Tisch, Mittag und G. Müller (SED-Chef Erfurt) wegen Amtsmißbrauchs verhaftet.
Illegales Waffenlager bei Rostock entdeckt: SED hat mit Waffengeschäften Devisen beschafft.
**5. 12. 89** Egon Krenz nach 44 Tagen von all seinen Funktionen zurückgetreten (Vors. des Staatsrates, Vors. des Nationalen Verteidigungsrates, Generalstaatsanwalt).
**6. 12. 89** Erich Honecker wird unter Hausarrest gestellt. Westdeutsche brauchen kein DDR-Visum mehr. Der Zwangsumtausch für DDR-Reisende wird aufgehoben.
**7. 12. 89** Berlin. Erste Runde am "Runden Tisch" zwischen Regierung und Opposition tagt im Bonhoeffer-Haus unter kirchlicher Schirmherrschaft – Bund Evangelischer Kirchen BEK, Berliner Bischofskonferenz BBK, Arbeitsgemeinschaft Christlicher Kirchen AGCK.
**8. 12. 89** Außerordentlicher Parteitag der SED beginnt. SED entschuldigt sich beim Volk. RA Gregor Gysi neuer Parteivorsitzender. Ermittlungsverfahren gegen Honecker, Mielke, Stoph, Kleiber, Krolikowski, Axen.
**15.–17. 12. 89** Sonderparteitag der SED wird fortgesetzt: Umbenennung der Partei in SED/PDS (Sozialistische Einheitspartei Deutschlands – Partei des Demokratischen Sozialismus).
**17. 12. 89** Auflösung des Amtes für Nationale Sicherheit angekündigt.
**18. 12. 89** Die orthodoxe jüdische Gemeinde Adass Jisroel in Ostberlin, die am 18.12.1939 von der Gestapo verboten wurde, erhält alle Rechte einschließlich Synagoge, Krankenheim und Friedhof zurück.
**19. 12. 89** Offizieller Besuch von Bundeskanzler Kohl in der DDR. In Gesprächen mit Vertretern des Kirchenbundes und katholischen Bischöfen würdigt Kohl die Rolle der Kirchen im Erneuerungsprozeß.
**22. 12. 89** Berlin. Das Brandenburger Tor ist nach mehr als 28 Jahren wieder durchlässig. Bis Neujahr werden insgesamt 35 Grenzübergänge geöffnet.
**24. 12. 89** Zum ersten Mal strahlt das DDR-Fernsehen am Heiligen Abend eine evangelische Christvesper aus. Visafreier Verkehr für Westdeutsche und Westberliner in die DDR läuft an.
**Neujahr 89/90** Neujahrsnacht entlang der Grenze massenweise gefeiert.
**4. 1. 90** Der Grundwehrdienst bei der Nationalen Volksarmee wird von 18 auf 12 Monate verkürzt. Bereits ab 26. Januar vorzeitige Entlassungen. Die Opposition verlangt am Runden Tisch ultimativ den Nachweis für die Auflösung des Amtes für Nationale Sicherheit. Die Neubildung von Verfassungsschutz und Nachrichtendienst müsse unterbleiben. Die neuen Oppositionsparteien erneuern ihr Wahlbündnis vom Herbst '89 gegen eine Restauration der SED-Herrschaft.
**9. 1. 90** Alle Restriktionen für die Arbeit ausländischer Journalisten

in der DDR werden aufgehoben. Die Presseabteilung des Außenministeriums teilt mit, damit entspreche die DDR den KSZE-Forderungen.
**10. 1. 90** Leipzig. 100 000 Demonstranten protestieren gegen die SED/PDS.
Vertreter der Ev. Kirche in Berlin-Brandenburg (West und Ost) äußern Besorgnis über verstärkte Aktivitäten westlicher Sekten in der DDR.
**13. 1. 90** Ministerpräsident Modrow verzichtet auf eine Neuformierung des Staatssicherheitsdienstes und verhindert damit das Platzen der Koalition.
**15. 1. 90** Ministerpräsident Modrow nimmt unerwartet an der 7. Sitzung des Runden Tisches teil, Beratung zur Sicherheitslage. Gegen Honecker und Mielke wird polizeilich ermittelt.
**15.–17. 1. 90** Loccum. Die seit 21 Jahren getrennten ev. Kirchenbünde (West: Evangelische Kirche in Deutschland/EKD: Ost: Bund Evangelischer Kirchen/BEK) sprechen sich für eine Vereinigung aus.
**18. 1. 90** Der Runde Tisch schafft einen Medienkontrollrat, der die Meinungs-, Informations- und Pressefreiheit überwachen und gewährleisten soll.
**22. 1. 90** Hunderttausende demonstrieren in mehreren Städten der DDR für deutsche Einheit und gegen das Machtmonopol der SED/PDS.
**28. 1. 90** Die ersten freien Parlamentswahlen werden vom 6. Mai auf den 18. März vorverlegt.
**29. 1. 90** Erich Honecker wird in Untersuchungshaft genommen.
**1. 2. 90** Ministerpräsident Modrow legt ein “Konzept für den Weg zu einem einheitlichen Deutschland” vor. Visafreier Reiseverkehr für DDR-Bürger. Erich Honecker findet in der Diakonischen Einrichtung “Hoffnungsthal” eine erste Bleibe.
**5. 2. 90** Die Volkskammer wählt acht Vertreter oppositioneller Gruppen und Parteien zu Ministern ohne Geschäftsbereich, darunter Pfr. Rainer Eppelmann und den Theologen Wolfgang Ullmann.
**8. 2. 90** Die DDR bekennt sich erstmals zur gesamtdeutschen Verantwortung für die Judenverfolgung während des Nationalsozialismus. Hans Modrow anerkennt vor dem Präsidenten des Jüdischen Weltkongresses, Edgar Bronfman, humanitäre Verpflichtungen gegenüber den Überlebenden der Verfolgung.
**9. 2. 90** Die DDR bietet allen KSZE-Staaten Visafreiheit an.
**10. 2. 90** Michail Gorbatschow erklärt gegenüber Bundeskanzler Kohl bei dessen Moskauer Gesprächen, die Deutschen könnten den Zeitpunkt der Vereinigung frei bestimmen. Die von 1991 auf Herbst 1990 vorgezogene KSZE-Konferenz Helsinki II soll den Schlußpunkt setzen.
**14. 2. 90** Anläßlich des Außenministertreffens zur Konferenz “Open Sky” in Ottawa verständigen sich die vier Siegermächte des 2. Weltkrieges über eine Konferenz betr. die deutsche Vereinigung.

**15. 2. 90** Gegen eine schnelle Vereinigung Deutschlands sprechen sich prominente Theologen aus DDR und BRD aus. Diese sog. "Berliner Erklärung" ist der Gegenentwurf gegen die "Loccumer Erklärung" vom 17. Januar.
**17. 2. 90** Angeblich unabhängige Hochschulkader gründen eine "Helsinkigruppe der DDR" mit Regional- und Landesverbänden. Sie kopiert das Etikett der unabhängigen Helsinki-Gruppen in Osteuropa und konkurriert die DDR-weite "Initiative für Frieden und Menschenrechte".
**20. 2. 90** Die Volkskammer verabschiedet die gesetzlichen Grundlagen für die am 18. März stattfindenden Wahlen. Die SED/PDS stellt ihr neues Parteiprogramm vor. Danach ist sie keine Klassenpartei mehr, sondern eine Partei des ganzen Volkes.
**21. 2. 90** Der Ministerrat beschließt aufgrund jahrelanger kirchlicher Anträge die Einführung eines Zivildienstes von 12 Monaten Dauer. Eine Gewissensprüfung (wie in der BRD) entfällt. Wirtschaftsministerin Luft legt ein Reformkonzept vor.
**27. 2. 90** Die Synode des BEK beschließt organisatorische Schritte für das Zusammenwachsen der west- und ostdeutschen Landeskirchen. Erste Anstöße für ein religionskundliches Schulfach.
**1. 3. 90** 43 Parteien und Gruppierungen haben den Antrag auf Zulassung zur Wahl vom 18. März gestellt. Die größten Parteien mit ihren Vorsitzenden/Sekretären: – Christlich-Demokratische Union (CDU): Lothar de Maizière. – Partei des Demokratischen Sozialismus (SED/PDS): Gregor Gysi. – Sozialdemokratische Partei Deutschlands (SPD): Ibrahim Böhme. – Demokratischer Aufbruch (DA): Wolfgang Schnur. – Deutsche Soziale Union (DSU): Pfr. Hans-Wilhelm Ebeling.
**5. 3. 90** Die Bonner Koalition favorisiert den Beitritt der DDR zur Bundesrepublik nach §23 des Grundgesetzes.
**6. 3. 90** Die Volkskammer tritt zu ihrer letzten Sitzung vor der Wahl zusammen. Sie verabschiedet eine Sozialcharta und bestätigt Eigentumsrechte in der DDR.
**7.–8. 3. 90** Augsburg. Erste gemeinsame Tagung der katholischen Bischofskonferenzen West und Ost seit dem Mauerbau. Die Berliner Bischofskonferenz BBK will vorerst eigenständig bleiben.
**8. 3. 90** Berlin. Dem DA-Vorsitzenden Schnur wird vorgeworfen, ein Spitzel der Stasi zu sein. Nach einem Kreislaufkollaps tritt er von seinem Amt zurück. Sein Nachfolger: Pfr. Rainer Eppelmann.
**14. 3. 90** Die Postminister beider Deutschland vereinbaren eine Postunion.
**15. 3. 90** Die seit 29 Jahren geteilte Evangelische Kirche in Berlin-Brandenburg eröffnet ihre erste gemeinsame Tagung seit dem Mauerbau in Berlin-Ost und beschließt sie in Berlin-West. Für die rechtliche Vereinigung wird eine Gemeinsame Synode vereinbart.
**18. 3. 90** Wahlen zur Volkskammer: erste freie und geheime Wahl

der DDR-Bürger seit 57 Jahren nach zwei Diktaturen. 24 der 43 gemeldeten Parteien beteiligen sich. Sieger sind die bürgerlichen Parteien, die eine Wahlallianz eingegangen waren (CDU, DSU, DA). Außerhalb der Allianz die FDP. Ferner SPD und PDS (SED). Der prozentuale Stimmenanteil verteilt sich wie folgt: – Christlich-Demokratische Union (CDU): 40,9% – Deutsche Soziale Union (DSU): 6,3% – Demokratischer Aufbruch (DA): 0,9% – Bund Freier Demokraten (DFP-LDP-FDP): 5,3% – Sozialdemokratische Partei Deutschlands (SPD): 21,8% – Partei des Demokratischen Sozialismus (SED/PDS): 16,3%. Der Volkskammer werden 21 ev. Theologen angehören, darunter 19 ordinierte Pfarrer.

**27. 3. 90** Dem SPD-Vorsitzenden Ibrahim Böhme werden Stasi-Verbindungen nachgesagt. Er legt sein Amt bis zur Klärung der Vorwürfe nieder. Sein Nachfolger: Pfr. Markus Meckel.

**28. 3. 90** Bonn. Innenminister Schäuble gibt bekannt, daß auch nach den Wahlen der Staatssicherheitsdienst der DDR maßloses Telephonabhören betreibe.

**29. 3. 90** In Berlin fordern 20 000 Demonstranten die Durchleuchtung der Volkskammerabgeordneten auf etwaige Stasikontakte.

Bonn. Die Auslandsverschuldung der DDR beträgt 18,5 Mrd. Dollar. Die Unternehmen sind mit 260,4 Mrd. Ostmark verschuldet. Insgesamt hat der volkswirtschaftliche Produktionsapparat 468,5 Mrd. Ostmark Defizit.

**12. 4. 90** Die Volkskammer bestätigt die erste freigewählte Regierung der DDR unter Min. Präs. de Maizière, darunter drei evangelische Pfarrer: als Außenminister Markus Meckel, als Minister für Abrüstung und Verteidigung Rainer Eppelmann, als Minister für wirtschaftliche Zusammenarbeit Hans-Wilhelm Ebeling. Weitere Kirchenmänner im Kabinett: Prof. H.J. Meyer, Vorsitzender des "Gemeinsamen Aktionsausschusses katholischer Christen in der DDR", wurde Minister für Bildung und Wissenschaft; Gottfried Müller, ehem. Chefredakteur von "Glaube und Heimat", wurde Minister für Medien und Presse.

**6. 5. 90** Erste freie und geheime Kommunalwahlen: Christdemokraten und Konservative stärkste Kraft.

Danach Sozialdemokraten und SED/PDS (mit deutlichen Verlusten).

**18. 5. 90** Staatsvertrag zwischen den Regierungen der Bundesrepublik und der DDR über die Vereinigung in Bonn unterzeichnet. Anschließend gleichzeitige Lesungen in beiden Parlamenten, welche den Vertrag mehrheitlich billigen.

**27. 5. 90** Die in Loccum vereinbarte Gemeinsame Kommission von EKD und BEK konstituiert sich in Iserlohn. Sie beschließt eine "gesamtdeutsche evangelische Kirchenleitung".

**26. 6. 90** Gemeinsame Erklärung aller vier Kirchenleitungen (Katholiken und Protestanten in West und Ost) an die Bürger zur aktuellen Entwicklung in Deutschland.

**1. 7. 90** Inkrafttreten der gemeinsamen Währungs-, Wirtschafts- und Sozialunion in beiden Teilen Deutschlands.
**14.–16. 7. 90** Moskau/Kaukasus. Ein Treffen Kohl-Gorbatschow erbringt die Zustimmung der Sowjetunion für die Herstellung der "vollen und uneingeschränkten Souveränität" eines vereinten Deutschland. Damit erlöschen die besonderen Rechte und Verantwortlichkeiten der vier Siegermächte. Deutschland erhält die freie Wahl des Bündnisses.
**3. 10. 90** Anschluß der DDR an den Gültigkeitsbereich des Grundgesetzes der BRD.
**2. 12. 90** Erste gesamtdeutsche Wahlen.